岩 波 文 庫

33-955-1

ガリレオ・ガリレイの生涯

他 二 篇

ヴィンチェンツォ・ヴィヴィアーニ著
田 中 一 郎 訳

JN053880

岩 波 書 店

はしがき——原典について——

本書に収めたのは、ヴィンチェンツォ・ヴィヴィアーニ（一六二二—一七〇三年。Vincenzo Viviani）によって書かれた三篇のガリレオ・ガリレイ（一五六四—一六四二年）についての回想録である。

1　「アカデミア・デイ・リンチェイ会員、フィレンツェ貴族、トスカナ大公付き首席哲学者兼数学者、ガリレオ・ガリレイの生涯についての歴史的報告」（一六五四年）*Racconto istorico della vita del Signore Galileo Galilei*

2　「振子の時計への応用に関するメディチ家のレオポルド殿下への手紙」（一六五九年）*Lettera al Principe Leopoldo de' Medici intorno all'applicazione del pendolo all'orologio*

3　「最晩年のガリレオについての報告」（一六七四年）

ヴィヴィアーニの経歴については巻末の解説で詳しく紹介する。ここでは原典の各篇について簡単に紹介しておく。

「ガリレオ・ガリレイの生涯についての歴史的報告」

これは最初のガリレオ・ガリレイの伝記であり、有名なガリレオ伝説、つまり、ピサの大聖堂でランプが揺れるのを見て振子の等時性を発見したという話と、ピサの斜塔の上から重さの異なる二つの物体を落とし、それらが同時に落下するのを観察して落体の法則の発見へと導かれたという話の起源となった。この報告は一六五四年四月二九日にガリレオの最後の弟子、ヴィンチェンツォ・ヴィヴィアーニがトスカナ大公フェルディナンド二世の弟、レオポルド・デ・メディチに宛てた手紙形式で書かれているが、彼の筆跡で書かれた二つの手稿が残されている。いずれもフィレンツェ国立中央図書館所蔵のガリレオ文書第一一巻に収められている。*Gal.* 11, ff. 73r–118v（以下、A）と ff. 22r–68r（以下、B）である。『国定版ガリレオ・ガリレイ全集』を編纂したアントニオ・ファヴァロによると、Bは、それ自体も以前の手稿から書き写されたと思われるAからさらに書き写されたものである。両者にはいくつかの違いがあるが、書き写す過程でヴィヴィアーニが修正を加えた結果であると判断できる。たとえば、ガリレオの年齢についてAにあった明らかな間違いがBでは訂正されている。その一例として、ガリレオがピサ大学に就職したのは一五八九年であるが、Aでは二二歳のときとしている。就任が一五八九年だったことは、「ガリレオ氏は、アルノ川が多くの箇所で決壊して洪水となったため、ピサに来られず、一五八九年一一月三、四、六、七、八、九日の数学の講義をしなかった。六回休講。……同月一四日に講義開始」(*OG*, vol. 19, p. 43) という記録から確かめられる。ヴィヴィアーニはその間違いをBでは訂正している。だから、Bのほうがより新しいと考えられる。

「ガリレオ・ガリレイの生涯」はヴィヴィアーニの生前には出版されることがなかったが、これら二つの手稿とは別に、一七一七年にサルヴィーノ・サルヴィーニによって出版された『アカデミア・フィオレンティーナ執政の記録』(*Fasti consolari dell'Accademia Fiorentina*) に収録されたものがある。これは、ヴィヴィアーニの甥で遺産相続人だったヤコポ・パンザニーニが所有していた、今は失われた手稿に基づいている。その内容は、あるところではAでの誤記も含めてAと一致し、あるところではBと一致している。したがって、ヴィヴィアーニが推敲を重ねた途中段階のもので、最新のものとは認められない。しかも、出版されたものにはAともBとも異なる、編者によって加筆されたと疑われる部分がある。

以上のような理由で、本書ではBを底本として訳出した。『国定版ガリレオ・ガリレイ全集』(*OG*, vol. 19, pp. 599–632)にも、Bが収録されている。なお、手紙形式で書かれていたということを考えると予想されることであるが、ヴィヴィアーニの手稿にはタイトルは付けられていない。ここでのタイトルは、ファヴァロが『国定版ガリレオ・ガリレイ全集』に収録するにあたって付けたものである。

「振子の時計への応用に関するメディチ家のレオポルド殿下への手紙」

この手紙には、フィレンツェ国立中央図書館のガリレオ文書第八五巻に収められている手稿 *Gal.* 85, ff. 39r–50r と、パリのフランス国立図書館が所蔵する手稿 *Fonds français*, 13039, ff. 147r–155v の二つの原典がある。パリにあるのは、レオポルド・デ・メディチが一六五九年一〇月九日にフランスの天文学者で数学者のイスマエル・ブリオの要請に応えて送った写しである。いずれも職業的写字生によって清書されているが、ヴィヴィアーニの筆跡による加筆、修正がある。

一七〇三年にヴィヴィアーニが死亡したあと、この手紙は長らく忘れ去られていた。

一七七四年になってその存在が知られると、その後のガリレオの著作集に収録されるようになった。

ここではフィレンツェ国立中央図書館所蔵のガリレオ文書から訳出したが、この手稿には手紙冒頭の一段落が欠落しているので（おそらく、レオポルドに宛てた報告の表書きとして別紙葉に記されていたため）、その部分についてはパリにある手稿から補った。また、ファヴァロが『国定版ガリレオ・ガリレイ全集』（OG, vol. 19, pp. 648–659）に同じ手稿を収録するにあたって、誤字の訂正等を行なっているので、それを参考にした。なお、この手稿が前述のガリレオ文書第八五巻に綴じ込まれたとき、「振子によって調整されたガリレオの時計の話（*Istoria dell'Oriuolo del Galileo, regolato dal Pendolo*）」というタイトルが付けられたが、ここではファヴァロが全集に収録するにあたって付けたタイトルを採用した。

「最晩年のガリレオについての報告」

ヴィヴィアーニは一六七四年に『ユークリッド原論第五巻』（*Quinto libro degli Elementi d'Euclide*）を出版したが、そのなかのガリレオに関する部分（pp. 86–88, 99–106）を抜粋して訳出した。そこには、ヴィヴィアーニがアルチェトリでガリレオと同居していた時期の、つまり最晩年のガリレオが描かれており、前二作品では語られなかった事実が明らかとなっている。とりわけ一六三八年に出版した四日間の対話からなる『新科学論議』に、第五日と第六日、さらに第七日を付け加えようとする盲目のガリレオの努力が語られている。

なお、このタイトルは訳者が仮に付けたものであることをお断りしておく。

注における参考・引用文献の略字について

OG Antonio Favaro（a cura di）, *Le Opere di Galileo Galilei*, edizione nazionale, 20 vols., Firenze, 1890–1909（アントニオ・ファヴァロ編『国定版ガリレオ・ガリレイ全集』全二〇巻）

DV Sergio Pagano（Nuova edizione accresciuta, rivista e annotata da）, *I Documenti Vaticani del processo di Galileo Galilei (1611–1741)*, Città del Vaticano, 2009（セルジオ・パガーノ編『ガリレオ・ガリレイ裁判ヴァチカン資料集（一六一一―一七四一）』）

訳文中に訳者が付け加えた語句は〔　〕で示した。

目　次

アカデミア・デイ・リンチェイ会員、フィレンツェ貴族、トスカナ大公付き首席哲学者兼数学者、ガリレオ・ガリレイの生涯についての歴史的報告

もっとも尊敬すべき支配者にして庇護者であるトスカナのレオポルド殿下(1)へ

殿下

殿下は、偉大なガリレオを追悼して、その生涯を誰かに書かそうと決意され、わたしに思い出しうるすべてを、あるいはその生涯について見いだしうることは何であれ収集し、殿下がこの英雄的任務を課した者に提供するように命じられました。したがいまして、殿下の要望にできるだけ迅速に応じるため、わたしは謹んでここに以下の回想を提出いたします。わたしは、歴史的に見て正しいものを提示し、可能なかぎり正確に記録しました。その大部分は、ガリレオの生の声を聞き、彼の著作を読み、彼の弟子たちとやりとりし、話したことから、彼の親友が述べたことから、さらに個人的文書、彼の友人たちの無数の手紙から得られたものであり、最終的にはそれらが真実でいかなる異論もないと認定する確認と検証に基づいています。

フィレンツェ貴族ガリレオ・ガリレイは、フィレンツェの流儀に従えば、主の受肉から数えて(ab Incarnatione)(2)一五六三年二月一九日に、当時彼の両親が住んでいたピサの町で生まれた。(3)

彼の父親は、ミケランジェロの息子ヴィンチェンツィオ・ガリレイ(4)で、数学、とりわけ理論音楽に精通した紳士で、もっとも著名な現代の理論家の誰も今世紀には彼ほど賢明で学識に富んだものを書けなかったと思えるほど、それらについて彼は優れた知識をもっていた。彼が出版した著作がそのことをもっともよく証明しており、とくに一五八一年にフィレンツェで出版された『古代音楽と現代音楽の対話』がそうである。ヴィンチェンツィオは理論を完成させるとともに、さまざまな楽器、とりわけリュートを見事に演奏することで実践のほうも完成させたのである。このために、彼は生涯にわたって褒め称えられた。

ヴィンチェンツィオは、妻のジュリア・アマナティとのあいだに数人の子供をもうけ、長男がガリレオだった。(5)

幼年期のガリレオは陽気な性格だった。彼は余暇の多くを、さまざまな器具や小型機械を組み立て、粉ひき機、ガレー船、普及していた各種の機械のような工作物を模倣したり、その縮尺模型を作ったりして過ごした。彼の子供っぽい装置のいくつかで必要な部品が欠けている場合には、彼の発明の才がそれを補った。鉄のバネの代わりに鯨の骨を、必要に応じて他の部品には他のものを使い、機械を新しい発想と運動の仕掛けで改造し、それを完成し、動くようにしたのである。

少年期の彼は、フィレンツェのありふれた評判の教師について人文学を学んで過ごした。(6) 彼の父は乏しい財産で大家族を養わねばならず、ガリレオが望んだような便宜を図ってやることができなかったからである。ヴィンチェンツィオは息子の知性と利口さに気づいており、ガリレオが何らかの専門に進み、そこで並外れた進歩を遂げることを期待して、息子を寄宿学校にやりたかったのである。しかし、この若者は自分の貧しい状況を知っており、それを改善するために勉学に励むことで貧困を抜け出そうと決意した。このため、彼は主要なラテン語の著者の読書に専念し、独力で人文学の幅広い知識を獲得した。この知識は、のちに私的な集会、サークル、アカデミアにおいて、どんな種類の人間を相手にしても、道徳であれ自然学であれ、真面目な話であれ冗談であれ、持ちかけられたどんな種類のテーマにおいても驚くほど活用され、生かされることになる。

この頃、彼はギリシア語の学習にも没頭したが、もっと重要な研究に役立てるために学んだのである。

ガリレオはヴァロンブローサの神父から論理学の基本的な規則、そして弁論術の用語、非常に多くの定義と差異、文章の多様さ、教義の序列と進展を学んだが[7]、このすべてが彼には退屈で、役に立たないように思われ、彼のすばらしい知性にはほとんど満足を与えなかった。

その一方で、ガリレオは音楽の演奏をとても楽しみ、鍵盤楽器やリュートを奏でた。父親の手本と教えのおかげで、彼はリュートでは高レベルに達し、ピサだけでなくフィレンツェにおいても当時の最高の奏者に匹敵するほどだった。彼はこの楽器の演奏で豊かな創造力を発揮し、演奏の洗練ぶりと優雅さでは父親をしのぎ、その甘美さは亡くなるその日まで維持された[8]。

さらに、彼は絵を描くことも大いに楽しみ、驚くべき成果を収めた。彼には才能があって、のちに、この頃にそれを職業としていたかもしれない、きっと画家になっていただろうと友人たちに話したことがあった。実際、彼が絵を描くことを好んだのは生まれながらのもので、時がたつにつれて優れた審美眼を獲得していき、彼の絵画とスケッチについての評価は巨匠たち、つまり、チゴリ、(9)ブロンズィーノ、(10)パッシニャーノ、(11)エンポリ、(12)そして当時の著名な画家たちの作品を好んだ。彼らはすべてガリレオが敬愛する友人たちだった。彼らは、物語の順序や人物の配置を決めるとき、遠近法、彩色、そして絵画を完全にすることは何であれ彼の意見をしばしば求めた。そうすることで、彼らは高貴な芸術に対するガリレオの完璧な審美眼と並外れた才能を認めたのである。彼らは、他の誰も、親方ですら匹敵するものを知らなかった。だから、ガリレイが当時の最高の画家と見なしたかの有名なチゴリは出来のよい自分の作品の大部分はガリレオのすぐれた教えのおかげだと考え、とりわけ遠近法に関するかぎり、ガリレオが自分のただひとりの師であると誇らしげに語った。

ガリレオが一六歳前後になり、こうした誉れある巨匠たちを知り、人文学、ギリシア語、そして弁論術の学習をしていたとき、彼の父親は家計の苦しさにもかかわらず彼をピサ大学に入れることにした。ただし、彼が望んでいたのは、いつの日かガリレオが医者になって彼の負担を軽減してくれることだった。ヴィンチェンツィオが彼を医者にしようとしたのは、医学が状況の改善にもっとも適しており、手っ取り早い方法だったからである。(13)彼はガリレオをその町にいた親戚の商人に託した。(14)そこで彼は医学と広く受け入れられていた逍遥哲学の学習を始めた。しかしガリレオは、何世紀ものあいだ、たったひとりの人物の意見と言葉に囚われて人間の心の暗闇のなかに埋もれたままになっている世界の秘密をあばくために自然によって選ばれたのであり、これらの教えを他の人たちがそうしてきたように盲目的に受け入れることができなかった。彼は自由な知性をもっていたから、議論と感覚的経験で同じことがかなえられるのに、古代や現代の著者の言葉と意見にそんなにたやすく同意しなければならないとは思われなかった。だから、自然についての議論では、彼はアリストテレスの述べたことをすべて熱烈に擁護する人びとにいつも反対し、このために反抗の精神をもっているという評判を得た。そして、真実を発見した見返りとして、彼らの憎悪をかき立てた。一般に言われるように、まだ自然学の講義を受けていなかった若い学生によって、彼らがどっぷりつかっている、いわば彼らの母乳というべき学説が新しい方法と多くの証拠によって否定され、誤りだと宣告されることに耐えられなかったのである。こうして、彼らはホラティウスが言っていることの正しさを確信した。

若い頃に習ったことは間違いだったと、老人になって告白するのは、見苦しいこ

とだと考えられている。(15)

ガリレオはこのようにして三、四年、通常の学期にはお決まりの学習方法で医学と哲学を学んでピサで過ごした。(16)しかし、彼はこの間にアリストテレス、プラトン、その他の古代哲学者の著作を独力で熱心に読んだが、彼らの教義と意見を吟味し、主に自分の知性を満足させるために、それらを習得しようとした。

この頃、彼はその才能の俊敏さによって、振子を使った非常に単純で規則正しい時間測定方法を思いついた。これには、それまで誰も気づいていなかった。ある日、ピサの大聖堂のなかにいたとき、たまたまランプが動くのを観察したのである。きわめて精確に実験してみると、その振動が等しいことが確認できた。(17)さしあたり彼が思いついたのは、当時の医者たちが驚き、喜んだことに、それを脈拍測定のために医学に応用することだった。(18)これは今日でも一般に使われている。のちに、彼はこの発明をさまざまな実験と、時間と運動の測定に利用した。それを天体観測に応用したのも彼が最初である。天文学と地理学は驚くべき恩恵を受けたことになる。

この結果、彼は気づいたのだが、自然現象は、それが極小で考慮に値しないほどにしか現われないとしても、哲学者によって無視されるべきではなく、すべてが同じように大いに考慮されなければならないのである。このため彼がいつも言っていたのは、自然はわずかなことで多くのことをなし[19]、その働きのすべては同じように驚くべきものである。

これらすべてで、彼は数学に目を向けることはなく、ほとんど完全に忘却していた。とりわけイタリアにおいては(コマンディーノ[20]、マウロリコ[21]等の研究と勤勉によって大部分が復興されていたにもかかわらず)数学はまだ活力をもたず、一般に軽蔑されていた。哲学において三角形や円から何かを引き出しうるとは理解されていなかったので、彼にそれに没頭するよう促すものがなかったのである。しかし、すでに述べたように、絵画、遠近法、音楽におけるガリレオの偉大な才能と、彼がそれらから得た喜びが、彼の父親がそのような実践はすべて幾何学に起源があると繰り返し述べていたこともあって、彼を幾何学に挑戦してみる気にさせたのである。彼は父親に教えてくれるように何度も頼んだが、大事な医学の勉強から逸らせることになるので、ピサでの勉強が終わればそうすることができると述べて、父親は彼の希望をかなえるのを引き延ばした。しかし、これでガリレオはおとなしくなったわけではなかった。当時、トスカナ大公の小姓のための数学者で、のちにフィレンツェ大学の数学教授となるフェルモ出身のオスティリオ・リッチという人物がいた(22)。彼はガリレオの父親と非常に親しく、毎日のように彼の家を訪れていた。ガリレオは、父親の知らないところで、ユークリッドのいくつかの命題を説明してくれるよう彼にしつこく頼みこんだ。リッチはこの若者の称賛に値する渇望を満たそうとして、ガリレオの望みをかなえることを許すように説得するため、彼の父親、ヴィンチェンツィオ氏と話し合うことにした。父親は友人の求めに譲歩したが、息子にはこの承諾を明かすことを禁じた。こうしてリッチはガリレオ(すでに一九歳になっていた)に『原論』第一巻の定義、公理、要請についての標準的な解釈を教授し始めた。しかし、あまりにも明確で疑う余地のない原理が提示されていると感じ取り、ユークリッドが求めていることは正当で容認できると考えたガリレオは、もし幾何学の構造がこうした基礎の上に組み立てられているのであれば、それは非常に強固で安定しているとすぐに気づいた。それどころか、すぐさま証明の仕方を気に入り、真の知識に到達する唯一の道だとはっきり理解すると、もっと前にそれに導かれなかったことを後悔した。リッチが講義を続けていくと、父親はガリレオが医学をおろそかにし、ますます幾何学を好きになっていくのに気づいた。時がたつにつれ、経済状態が逼迫していても多くの利益と便宜をもたらすはずの医学を彼が放棄するのではないかと恐れて、父親は彼を何度も説教した（医学に興味をなくした理由を知らないふりをしていたのである）。しかし、それはいつも無駄だった。彼が数学に夢中になればなるほど、医学からすっかり逸れてしまったからである。そのため、父親は折にふれてリッチに講義をやめさせようとし、それが妨げになっていると弁解して、ようやく講義を中断させた。しかし、リッチは『原論』第一巻をまだ解説し終えていなかったので、ガリレオはこれに気づくと、少なくとも非常に有名な命題四七(23)に到達することを希望して、最後まで独力で理解できるかどうか試そうとした。順調にすべてを理解すると、他の巻についても取り組もうと決意した。このようにしてガリレオは、父親がそばに来たときに隠すことができるようにとヒッポクラテスとガレノスの本も脇に置き、父親に隠れて勉強を続けた。最後には、このような論議し、論証し、同意するという短期間の学習で達成された喜びと得られたものにうっとりとなったが、それらは過去のすべての論理学や哲学から達成されたものよりはるかに大きかった。ユークリッドの第六巻にたどり着いたとき、彼は父親に幾何学において自ら成し遂げた成果を教えようと決断し、同時に、自分の才能が導いてくれるところから逸らそうなどと望まないでくれと頼んだ。これを聞いた父親は、ガリレオの洞察力と、彼がガリレオに提示したさまざまな問題を解くすばらしい能力から、この若者は数学をするために生まれてきたのだと知り、彼の願いをかなえようと決断した。

こうしてガリレオは医学の勉強を放棄し、短期間でユークリッドの『原論』と一流の幾何学者たちの著作を読了した。アルキメデスの『平面板の平衡について』と『浮体について』に取りかかったとき、ヒエロンの金の王冠で金細工師が行なった窃盗を見破る新しい精密な方法が彼の心に浮かんだ(24)。そこで彼は、さまざまな物質、混合物、合金、その他多くの珍奇なものの比重を知ることができる小天秤の構造と使用法を著わした(25)。ガリレオはそれを出版しなかったが、その一部は彼の友人たちに教えられ、個人的な文書で回覧された。そのため、誰かが自分の発明だと偽り、それを公表したり、その利益を得たりするのはありうることだった。

これや他の創意工夫によって、さらに自由な哲学と議論の流儀によって、ガリレオはきわめて気高い精神の持ち主という評判を獲得するようになった。機械と幾何学についての思索のいくつかを、ペーザロに住んでいた当時の高名な数学者、デル・モンテ侯爵のグィドバルド(26)と文通によって交換することで、彼ととても親しくなった。この人物の求めでガリレオは立体の重心についての研究に専念し、コマンディーノがすでに書いていたことを補完しようとした。幾何学をたった二年間勉強しただけの二一歳のとき、あることを思いついたが、それについては機械と位置運動についての『新科学論議』の末尾に印刷された付録に書かれているのを見ることができる。[27] これは、グィドバルドを大いに満足させ、驚かせた。この明敏な創意のために、グィドバルドは大公フェルディナンド一世[28]とジョヴァンニ・デ・メディチ殿下[29]に彼のことを褒めそやした。ガリレオはすぐに彼らに称賛され、彼らと親しくなった。一五八九年にピサの数学教授職が空席になったとき、大公殿下は自ら働きかけてそれを彼に提供した。彼は〔生年をフィレンツェ暦の一五六三年とすれば〕二六歳になっていた。

この頃、広く知られた哲学的格言に、運動を知らないことは自然を知らないことだ(Ignorato motu ignoratur natura)とあるように、[30] 自然現象の探求には必然的に運動の本質についての真の知識が必要とされることを学び取り、その考察に専念した。そのようにしていくと、実験によって、そして強固な証明と論議によって、それまではきわめて明確で疑う余地がないと考えられていた運動についてのアリストテレスその人の非常に多くの結論は間違っていると確信し、すべての哲学者を大いに困惑させることになった。それらのなかに、同じ材質でできているが重さの異なる可動体が同じ媒質のなかを動くと、それらの速さはそれらの重さの比になる、というアリストテレスによって規定されたものがあった[31]。むしろ、それらは同じ速さで動くのである[32]。彼はこのことを、他の教師たちや哲学者たち、そしてすべての学生たちの立ち会いのもと、ピサの鐘楼の上から繰り返し実験して証明した[33]。また、異なる媒質中を通過する同じ可動体の速さはそれら媒質の抵抗あるいは密度に反比例するということも、あまりにも不合理なことになり、経験に反していると推論できるから、あり得ないということも証明した[34]。

こうして彼は、好感情と誠実さをもつ知識人たちからの名声と評判に包まれて教授職を続けたが、彼と張り合い、妬みにかられた多くのえせ哲学者は彼に対する反感を募らせた。彼らはガリレオを打ち負かすため、リヴォルノのドックを空にするために高貴な人物[35]が考案した機械について彼が下した評価を利用しようとした。ガリレオはこの機械学の基礎と哲学的な自由な発想によって、それは失敗すると予言していた(実際にそうなった)のである。彼らは悪意をもって、彼に対するあの実力者の憎しみをかき立てたのである。そのため、彼はパドヴァの教授職に就任するという何度もあった申し出を受けることにした。これは、ジョゼッペ・モレティ[36]の死後長らく空席だった。グィドバルド侯爵の推挙に従い、大公の引き立てもあって、彼の敵対者たちが彼の破滅を喜ぶ前に、環境を変えることにしたのである。こうして、ピサで三年間教えたのち、一五九二年九月二六日にヴェネツィア共和国から任期六年でパドヴァの数学教師の職を得た。[37]この任期中に、彼は共和国に仕えてさまざまな機械を考案し、[38]共和国から得た広範な特権に示されているように、大いなる名誉と恩恵を同時に授かった。彼は学生のためにさまざまな論考を書いたが、そのなかには、当時の通例として築城術についての論考、日時計製作法と実用的な透視図法についての論考、天球についての概説書、機械についての論考があった。これらは手稿の形で回覧され、のちに一六三四年になってフランス語に翻訳され、マラン・メルセンヌ神父[39]によってパリで印刷された。最近では、一六四九年にルカ・ダネージ殿によってラヴェンナで出版された。これらの論考のすべてと他の多くのものが、イタリア、ドイツ、フランス、イギリス、その他にガリレオの直弟子たちによって運ばれて流布しているのがわかっている。それらの大部分には彼の名前がないが、多産な著者であるとともに気前のよい提供者だったから、彼はそのようなことを重視しなかった。

同じ頃、彼は温度計、つまり、寒暖の変化と各地での気温の違いを認識するために水と空気で満たされたガラスの器具を発明した(40)。このすばらしい発明は、我らの君主、フェルディナンド二世(41)の卓越した才能によって今日のように改善され、非常に珍しく微妙な新しい効力をもつものへと改良された。これは、巧妙な外見のもとに隠されているので、その理屈を知らない人びとには魔法のように思われている。

一五九七年頃、彼は称賛に値する幾何学的・軍事的コンパスを考案し(42)、その後、この器具を製作し、彼の弟子たちに口頭と文書で教えだした。さまざまな国の多数の君主や貴顕にも解説したが、そのなかには、アルザスのジャン・フェルディナン公、オーストリアのフェルディナンド大公、ヘッセンの方伯にしてニッダの伯爵フィリップ公、マントヴァ公、その他、そのすべてをここに書き留めると長くなりすぎるほど無数の人がいた。

ガリレオは私的授業と公的授業を続け、いつも絶賛された。一五九九年一〇月二九日に彼の教授職はもう六年間延長され、俸給も増額された(43)。

この間の一六〇四年にヘビ座に異様で驚くべき新星が出現し、ガリレオによって行なわれた三回の長大で専門的な公開講義でこの重大な問題が論じられた(44)。彼はそのなかで、新星は元素の領域の外にあって、(45)すべての惑星よりもはるかに高いところにあると証明しようとしていた。これは、逍遥学派、とりわけ哲学者のクレモニーニ(46)の意見と対立していた。彼は、当時反対の意見を支持しており、天は不変で、いかなる偶有的な変化も免れているとしたアリストテレスを守ろうとしていたのである。

同じ頃、彼は磁石の力について研究し、それを詳しく観察した。さまざまな実験を繰り返して、磁石片を鎧装すると、鎧装前の重さの八〇倍から一〇〇倍の鉄を持ち上げることができることを見いだした。(47)これまで他の誰もこのような完璧さに到達したことがなかったのである。

すでに述べたように、彼は弟子たちの利益と楽しみのためだけにさまざまな論考を書き、多くの器具を考案してきた。それらのひとつが前述のコンパスで、彼にはそれを公開するつもりはなかった。しかし、誰かがその発明を横領しようとするのではないかと気づいて、彼はその概説的な使用説明書を急いで書き、その構造図ともっと詳しい説明は別の機会に公表しようとした。一六〇六年六月、彼はそれに『幾何学的・軍事的コンパスの使用法』というタイトルを付けてパドヴァで出版し、当時はトスカナの皇子で彼の弟子だったコジモ大公殿下に献上した。(48)この著作は、のちにドイツ人のマティアス・ベルネッガー[49]によってラテン語訳され、一六一二年にコンパスの構造図といくつかの注釈を付けてシュトラスブルクで出版された。これは一六三五年に再版されたが、パドヴァその他でも何度も再版された。

一六〇六年八月五日、彼はヴェネツィア共和国から数学教授職をさらに六年間延長され、俸給もさらに増額された[50]。これは、これまで前任者たちに支払われていたものよりも高額だった。

一六〇七年、ガリレオ氏はミラノ出身のバルダッサーレ・カプラとかいう人物によって乱暴に屈辱され、立腹させられた。当時この人物は厚かましくも前述のコンパスを自分のものにし、それにラテン語訳を付けて、『比例コンパスの使用法と製法』というタイトルで著者のお膝元のパドヴァで出版したのである[51]。ガリレオは、これが憎むべきで恥ずべき盗作であるとはっきり証明するために、『弁護』を俗語で出版することを余儀なくさせられた[52]。彼はまた、カプラの中傷と虚言についても自己弁護をした。カプラは、二年以上前に出版した『一六〇四年の新星についての天文学的考察』のなかで、新星についてガリレオが行なった前述の三回の講義があまねく受け取った称賛に対する妬みにかられて彼を痛烈に侮辱していたのである[53]。しかしカプラは、自分の嫌悪すべき行ないのために、当然のこととして永遠の不名誉という報いを受けたのである。パドヴァ大学の監督者たちによって彼に対する厳格な公的取り調べがなされ、多くの無謀な企てが確認されたのち、カプラの本はすべて廃棄するという命令が出され、その出版は禁じられ、逆にガリレオには、その評判を回復し、カプラの評判を落とすために、前述の『弁護』を公表することが許可された。

この『弁護』は、他国の人間の厚かましい行為あるいは過度の信用を押さえつけるには有効ではなかった(54)。彼らは、発明の新奇さと優美さに、あるいは、文面からはわからないようなその驚くべき便利さと使いやすさに誘惑され、心を奪われて、すべてが自分のものであるかのようにガリレオの精巧なコンパスについて出版したのである。さらには、そのような器具の主たる創作者について言及することなく、別形式のさまざまな目盛りを入れたり、新しい線を入れたりして別の用途へと拡張していた。その操作については、印刷されていなかったにもかかわらず、ずっと以前からヨーロッパの至るところで手書きのものを通じて、さらには、ガリレオがパドヴァで他の文書とともに物惜しみすることなく伝えた外国人たちによって流布されて、知られていた。しかし、これらの人びとの厚かましい行為や忘恩は前述の『弁護』によって明らかになっただけでなく、その行為そのものによって非難され、ガリレオの輝かしい名声によって確認された。彼は、その他のますます大きな驚きをもたらした作品と発明によって、その才能ではちっぽけで価値のないものしか作ることができない人びとを上回るものを獲得できたのである。

一六〇九年の四月あるいは五月に、ガリレオが当時滞在していたヴェネツィアで、さるオランダ人がある眼鏡をナッサウのマウリッツ伯(55)に献上したといううわさが拡がった(56)。それを使うと、遠く離れたものが近くにあるかのように見えるというのである。これ以上はわからなかった。ガリレオ氏は直ちにパドヴァに引き返し、これだけの情報でその構造の考察に取りかかった。その夜にはそれが見つかった。翌日、思い描いたとおりに器具を組み立てると、入手できたガラスの不完全さに妨げられることなく、期待された効果が得られた。彼はすぐにこのことをヴェネツィアの友人たちに知らせた。彼はもっと良いものを製作し、六日後にそれをヴェネツィアに持参した(57)。この町の一番高いところで共和国の主要な元老院議員たちにそれを見せ、さまざまな距離にあるものを観測させて彼らをとても驚かせた。この器具がもっと完全なものになると、これまで自分の発明を公表してきたのと同じ気前よさで、君主、つまり統領のレオナルド・ドナーティ[58]への贈り物、つまりヴェネツィア元老院全体への贈り物にしようと決断し、この器具とともに、その構造と使用法、この器具によって陸海でもたらされうる驚くべき重要性を説明した文書を贈った。

この類いまれな贈り物が気に入られて、ガリレオ氏は一六〇九年八月二五日に共和国によって気前よく教授職を終身にされ、給料もそれまで数学教授に支給されていた額の三倍以上になった[59]。

この間ガリレオ氏は、彼の新しい器具の機能が何の技巧もなしに対象を近づけ、拡大して見せるだけであり、対象を近づかせることができるのなら、同じ鮮明さでもしくはより鮮明に認識させるということを熟慮して、眼にどれほど近くても知覚できない細部を申し分なく識別させることによってわれわれの視覚をもっと完全化する方法について考えた。こうして彼は一枚の凸レンズと一枚の凹レンズでできた顕微鏡と、複数枚の凸レンズからできた顕微鏡を同時に発明した[60]。彼はこれらを使って、さまざまな物質の極小の構成要素、そして昆虫の器官や四肢を綿密に観察した。それらの小ささのなかに、彼は神の偉大さと自然の奇跡的な技を驚きをもって見たのである。いずれにせよ、彼は骨折りや出費を惜しむことなく最初の器具の完成に専念した。これは、いわゆる望遠鏡であり、巷ではガリレオの筒眼鏡と呼ばれている。高い完成度に達すると、彼は地上の物体を見るのをやめ、もっと高貴なものを見ることにした[61]。

最初に月を観測して、彼はその表面が平らでなく、地球と同じように窪みや隆起でいっぱいであることを発見した[62]。天の川と星雲は恒星の集まりにすぎず、それらが膨大な距離にあるため、他のものに比べて小さいため、裸眼では知覚できないということを見いだした[63]。彼は、古代には知られていなかった無数の恒星が天空に散らばっているのを見た[64]。新たに作った別のもっと性能の良い器具を木星に向けると、それが四つの星によって取り囲まれているのが観測された。それらは一定の異なる軌道を規則正しい周期でそのまわりを回っていた[65]。彼はそれらを殿下一族の不朽の名声に献げ、それらをメディチ星、あるいはメディチ惑星と命名した[66]。このことはすべて、ローマの形式では一六一〇年一月の数日間で発見されたのであり、彼は次の二月もずっとこうした観測を続けた。これらはすべて、三月の初頭にヴェネツィアで出版された彼の『星界の報告』で公表された。彼はこの著作をもっとも高貴なトスカナ大公コジモ殿下に献げた[67]。

これらの予期しなかった発見は『星界の報告』によって公表されたが、それはすぐにドイツとフランスで再版され、[68]当時の哲学者と天文学者の大きな話題となった。最初、彼らの多くは彼を信用しようとせず、[69]その多くがやみくもに、他は私的な文書で、また他は不用意にも印刷物で反対した。[70]それらを空虚で妄想であるとか、ガリレオ氏の偽りの報告であるとか、あるいはガラスが誤って見せたもので幻影であると考えたのである。しかし、いずれもすぐに賢明な人びとが観測と感覚そのものによって確認したことに譲歩するほかなかった。何人かの頑迷で強情な人びとは残っていた。彼らのなかに、大学教授の地位にある者や、それなりに高い評価を得ている者がいた。[71]彼らは、神のごときアリストテレスを冒瀆することになるのではと恐れて、あえて観測しようとは望まなかったし、一度たりとも望遠鏡に眼を近づけようとはしなかった。この強烈な頑固さにこだわって、彼らは自分たちの師よりも自然そのもののほうに不実であろうとしたのである。

望遠鏡による天体観測を続けて、彼は一六一〇年の七月初めに土星が三重になっているのを発見し、[72]そのことを何人かのイタリアとドイツの数学者と非常に親しい友人たちに文字を置き換えた暗号で知らせた。[73]のちに、それは皇帝ルドルフ二世[74]の求めに応じてガリレオ氏自身によって次のように並べ替えられた。

Altissimum planetam tergeminum observavi
（もっとも高い惑星[75]が三重になっているのを観測した）

さらに、彼は太陽の表面にいくつかの黒点を見つけたが、当時はこのもうひとつの発見を公表しようとはしなかった。多くの頑固な逍遥学派たちの嫉妬や迫害をあおるかもしれなかったからである[76]（それをパドヴァ、ヴェネツィア、その他の信頼できる友人にだけ知らせた[77]）。前もって、観測を繰り返してそれを確かなものとし、その本質についての見解をまとめ、少なくともある程度の蓋然性をもって自分の意見を発表しようとしたのである。

パドヴァでガリレオ氏によって天空に発見された多くの耳にしたことのない驚異の知らせは、あらゆる国の人びとに自分の感覚でそれを確かめたいという欲望を強くかき立てた。しかし、コジモ・デ・メディチ殿下の王侯らしく物惜しみをしない性格が誰にでもある好奇心に打ち勝つことはなかった。のちに、彼は一六一〇年七月一〇日の手紙でガリレオをパドヴァから呼び戻し、教える義務もそこに居住する義務もないピサ大学首席特別数学者、さらに大公付き首席哲学者兼数学者の肩書きで自分に仕えさせ、この君主の気前のよさに見合ったかなりの俸給を生涯にわたって与えることにしたのである。(78)

こうしてガリレオ氏は〔ヴェネツィア〕共和国に仕えるのを辞め、八月の末頃にフィレンツェに戻った。(79) 同地で彼は教養豊かでフィレンツェの貴人である殿下によって歓待され、愛情にあふれた称賛をもって受け入れられた。すぐに彼は天空の新たな光と新たな驚異を見せることに専念し、すべての人をびっくり仰天させ楽しませた。

この一一月、彼は一〇月から始めていた金星の観測を続けていたが、それが大きくなっていくように見え、ついには月のような形に変わるのが観測された。(80) 彼は、このもうひとつの驚くべき発見を次のようなアナグラムにして、ヨーロッパの天文学者と数学者に広く伝えた。(81)

Haec immatura a me iam frustra leguntur o y;

（この未成熟のものは、いまわたしによって無駄に集められる。）

これは、皇帝自身と興味を抱いた多くの哲学者の求めに応じて、ガリレオ氏によって解かれ、次のような正しい意味に解読された(82)。

Cynthiae figuras aemulatur mater amorum.
(愛の母はダイアナの姿をまねている。)

一六一一年三月末頃、全ローマがガリレオ氏を待ち望んでいたので、彼は同地に行くことにした(83)。翌四月、彼は多くの高位聖職者や枢機卿たちに天空の新たな光景を見せた。とりわけクイリナーレ宮の庭園では、バンディーニ枢機卿、ディニ、コルシーニ、カヴァルカンティ、ストロッツィ、アグッキの各閣下、その他に太陽黒点を見せた(84)。これは、アペレス(85)とかいう偽名の人物によってなされた観測よりも六カ月早かった。のちになって彼は、その発見の先取権を根拠もなく主張することになる。この人物が最初に観測したのは次の一〇月より前ではなかったからである(86)。

さらに同地で一六一一年四月に、彼はメディチ惑星の運動周期を非常に精密に見いだすのに成功した。それらの配置を幾晩も先まで予報し、多くの人びとが予想通りに

それらを観測したのである。(87)

彼だけが天空に古代には知られていなかった多くの、かくも重要で驚嘆すべきものを初めて見たのだから、彼がやがてアカデミア・デイ・リンチェイ会員と呼ばれることになるのは当然だった。(88)だから、彼は非常に有名なアカデミア・デイ・リンチェイに迎え入れられた。このアカデミアは、モンティチェッリ侯爵のフェデリコ・チェジ公によって少し前に設立されていた。

夏が近づくと彼はフィレンツェに戻り、(89)しばしばコジモ大公の臨席のもと行なわれた知識人たちのさまざまな集会で、水に浮かぶ物体と沈む物体についての話題を持ち出したことがあった。(90)幾人かからはその形が結果に関係していると主張されたが、ガリレオ氏はこれに反論した。殿下の要請で、彼は博識な『水上にあるもの、または水中を動くものについての論議』を書き、前述の殿下に献じ、一六一二年八月にフィレンツェで出版した。(91)この論文の冒頭で、彼は新奇な太陽黒点について公表し、その少しあとで同じ論考を再版したとき、いくつか書き加えた。最初に、黒点の位置、本質、運動についての自分の意見を加え、さらに、それらによって太陽の運動と、それがほぼ一カ月で自転していることを初めて観測したと報告したのである。この出来事は天文学においては新しいものであっても、自然界においてはよくあることであり、そのためにガリレオ氏はそれらについて、ありふれた原理であるかのように、驚くべき現象の原因と結末を伝えている(92)。

　浮かぶ物体についての話題から生じた論争で、ガリレオ氏は無知ほど明敏で勤勉な教師はいないとよく言っていた。それによって彼は創意に富んだ結論を見つけることができたのであり、反対する無知を納得させるために新しく精確な実験をすることで結論を確実なものにすることができたのである。彼自身の知性を満足させるためにそれに熱中していたわけではないのである。

　この『論議』の学説に反対して逍遥学徒の全員が立ち上がり、すぐに書店は敵意と賛美ではちきれそうになった(93)。これについては、一六一五年に、当時ピサの数学者で、かつてのガリレオ氏の弟子だったベネデット・カステリ神父(94)によって広範に回答され、彼の師をこうしたくだらない論争から救い出した(95)。

　ガリレオ氏は、しばしば彼を襲った不快感や病気に妨げられないときは、天空の光景に夢中になった。この病気は長期にわたる徹夜と、観測のあいだ彼を苦しめた不自由さが原因だった。彼がフィレンツェから少し離れたレ・セルヴェにあるフィリッポ・サルヴィアティ氏(96)の別荘にいるときは、太陽黒点を非常に注意深く観測した。この人物は、彼のきわめて高潔な友人で、とても卓越した才能の持ち主だった。彼はアウグスブルクの二頭政治家のひとりであるマルクス・ヴェルザー氏(97)から手紙を受け取ったが、これには前述のアペレスからの同じ論題についての三通の手紙が添えられていた。一六一二年五月四日、彼はこのアペレスの手紙にいくつかの所見を付けてヴェルザー氏に回答し、その後の八月一四日にもう一通の返信を送った。ヴェルザー氏からアペレスのさらなる考察と議論を受け取ると、彼は一二月一日に三通目を書き、いつものように自分の意見を新しくさらに綿密な根拠で確かなものとした。これらから『太陽黒点とその諸属性に関する話と証明〔太陽黒点論〕』が生まれた。これは、アペレスという偽名の人物による前述の手紙と詳細な研究を付けて一六一三年にアカデミア・デイ・リンチェイによってローマで出版され、フィリッポ・サルヴィアティ氏に献じられた。ガリレオ氏は彼の別荘でこの現象を観測し、執筆していたのである。(98)この『太陽黒点論』のなかに、こうした困難で不確かな主題について、これまでのところ何が真実か、少なくとも何が真実らしいかが表明されていることがわかる。

しかしながら、彼は新奇な思索と多くの類いまれな発見によって人類の知性に新たな明るい輝きをもたらし、哲学と天文学の双方を高め、再興したことに満足してはいなかった。メディチ惑星のさまざまな偶有性のいくつかを研究し、これまでずっと高名な天文学者たちと数学者たちをむなしく疲れさせてきた驚くべき問題を解明することで、航海術と地理学における人類普遍の利益のためにそれを役立てようと考えていたのである。その問題とは、夜間のいつであろうと、地上においてであれ海上においてであれ、どこであろうと経度を測定できるようにするというものである(99)。彼は、それを実現するには、それらの星々の配置、合、蝕、掩蔽、さらに彼だけが観測したその他個別の出来事を予報する表を作成し、天体暦を計算しなければならないが、そのためには星々の周期と運動の正確な知識を必要とするということ、そして、これは時間をかけて非常に多くの正確な観測をしないとできないということにも充分に気づいていた。だから、それらが達成されるまで自分の称賛すべき発見を発表するのを差し控えたのである。メディチ惑星を初めて発見してから少なくとも一五カ月間で将来の予報ができるところまでそれらの運動の研究が進んでいたにもかかわらず、彼はもっと多くの、長期間の観測でそれらを改善しようとしたのである。

このようなわけで一六一五年頃、ガリレオ氏はこのような壮大な企てを実現するために理論的にも実践的にも必要とされるものをすべて手に入れ、すべてを君主のコジモ大公殿下に報告した。殿下は問題の重大さと、その利用から得られる非常に大きな有用性をよく知っていたから、マドリード駐在の家臣を通じてスペイン国王陛下と交渉を進めようとした(100)。スペイン国王は、緯度に沿って進むのと同じ、またはほとんど同じ容易さで経度に沿って確実に航海する方法を見いだした者に大いなる名誉と多額の報償を与えることをすでに約束していたのである。殿下はこれを即座に決断するとともに、国王位の高貴さと釣り合った発明品を加えたいと考えた。容易に成功に導くための方法として、ガリレオ氏に彼のもうひとつの新発明品を陛下に与えることを許したのである。これは航海にとって非常に有用で、利益をもたらすものであり、殿下によって高く評価され、秘密にされていた。これがもうひとつの発明品の筒眼鏡であって、それを使うと、木の上やガレー船のマストの上から遠く離れた敵の船の種類、数、戦力をその敵よりも先に見分けることができた。同時に両眼を使って裸眼と同じ迅速さと容易さで、自分のガレー船から敵までの距離を知ることができ、器具を隠して向こうにその仕組みを教えることがなかった(101)。しかし、偉大で優れた企てによくあるように、重要性が大きいほど、それを処理するにも仕上げるにも、大きな困難に出合うものであり、何年も交渉したのちに、さまざまな出来事のために、王室の使節に彼らが求めていた装置のテストをさせることができなかった。ガリレオ氏はそのような計画の実施に求められるものはすべて用意して個人的にリスボンまたはセビリア、あるいは必要とするどこにでも行くと申し出ていたのではあるが。彼はまた、船乗りや船上で操作しなければならない者に教え、陛下に認められた者には提案している発明品に関することをすべて包み隠さず提供するという気前のよい申し出をしていた。そのようなわけで、スペインとの交渉は、殿下とガリレオ氏には状況が好転すれば再開しようという意向があったが、立ち消えになった。

この間の一六一八年に三つの彗星が出現し、特にそれらのひとつがサソリ座に観測された。それはとりわけ明るく、長期間とどまり、ヨーロッパの主たる英才たちを研究に専念させることになった(102)。彼らのなかにガリレオ氏がいて、この頃には長く危険な病気のために、それをほとんど観測できなかったにもかかわらず、当時フィレンツェに滞在しており、病床にあった彼を見舞って敬意を表したオーストリア大公レオポルト(103)の求めで、それを熟考し、この問題についての自分の意見を友人たちに伝えた。その結果、彼がひいきにしていたひとりのマリオ・グィドゥッチ(104)がこれについての古代の哲学者と現代の天文学者の意見を集め、ガリレオ氏が考えたもっともな推測を加えて、博学な『彗星についての論議』を著わし、一六一九年にフィレンツェで出版した(105)。そのなかで、彼は少し前にこれらの彗星についての天文学的論争で見解を公表していたローマ学院の数学者の意見(106)のいくつかをとりわけ非難し、このテーマに関して生じた論争のすべてと、ガリレオ氏が彼の活動と議論のすべてで当時から最近までずっと受け続けてきた迫害を紹介した(107)。前述の数学者は本分を忘れ、自分の命題をさらなる検証なしには確実で真であると認めてはならないという哲学者の義務に背くほど憤慨し、それにもかかわらず上述の『彗星についての論議』で学識豊かに説明されている見解に嫉妬して、その少しあとにロタリオ・サルシ・シジェンサーノという偽名(108)で『天文学的・哲学的天秤(109)』とかいう本を出版したのである。そのなかではマリオ・グィドゥッチ氏を少しも節度ある言い方で扱わず、ガリレオ氏を執拗に攻撃していた。ガリレオ氏は『偽金鑑識官(110)』でそれに答えることを余儀なくされた。これはヴィルジニオ・チェザリーニ氏(111)に宛てた手紙形式で書かれ、アカデミア・デイ・リンチェイによって一六二三年にローマで出版され、教皇ウルバヌス八世(112)に献じられた。この書物から、ガリレオ氏の敵たちの迫害がどれほどのものかがわかる。ある意味で、われわれから奪われていたかもしれない崇高な観念と貴重な思索にガリレオを目覚めさせたのだから、彼らが哲学における大いなる収穫の創造者である。

反対に、彼の敵と反対者たちの中傷と反駁は彼をほとんど絶え間なく悩ませ、とてもすばらしい学説を含んだ彼の主著を完成して公表することをためらわせることになったのである。だから、彼は『プトレマイオスとコペルニクスの二大世界体系についての対話〔天文対話〕』(113) を一六三二年まで出版しなかった。彼はこの著作の主題のためにパドヴァの教授になってからずっと観測し続け、考察していたのである。とりわけ、地球が日周運動と年周運動をしていると推定することで海の干満を救済できるというのはヴェネツィア時代の思いつきから導かれたのである。(114) ヴェネツィアでは、この共和国の最重要人物で鋭敏な才能の持ち主のジョヴァンフランチェスコ・サグレド、その他の彼と親密な貴族たちとともにしばしば集まり、ガリレオ氏によってなされた自然的運動の現象と比についての新たな考察、さらに宇宙の構造と交互の潮汐運動という重大な問題について熱心に議論した。この出来事に関連して、一六一六年にローマに滞在していたとき、彼はオルシニ枢機卿猊下(115)の求めで非常に長文の論考を書き、それをこの枢機卿に個人的に提出している。しかし、この論考の学説は地球の運動という仮説に基づいていたため、誰かがその考案者は自分だと言うのではないかというい やな予感がしたので、『天文対話』に挿入しようと決断した。そこでは、彼が天空に おける新発見の前後にコペルニクスの意見の立証になると思いついた考察と、プトレマイオスの見解を擁護するためにいつも持ち出される考えが、どちらにも片寄ることなく、同じように提出されていた。彼はこれらすべてを集合させた主要登場人物の主張とし、プラトンにならって対話形式で解説した。そして、鋭敏な精神と自由な天性の持ち主で、きわめて親しい相談相手である前述のサグレド氏とフィリッポ・サルヴィアティ氏を登場させたのである。(116)

すでにガリレオ氏はその他の驚嘆すべき思索によって天空にまで立ちのぼる不朽の名声を獲得し、多くの革新によって人びとのあいだに神のごとき評判を得ていた。そのために不滅の摂理は、過ちを犯させることで彼が人間であることを明らかにすることにしたのである。二つの体系を論じているうちに、彼はコペルニクスの仮説のほうに沿った説明をしたのである。すでに聖なる教会によって、これは聖書に矛盾すると断罪されていた。(117) そのため、『天文対話』の出版後、彼は検邪聖省によってローマに召還され、主の受肉から数えて〔フィレンツェ暦の〕一六三二年二月一〇日頃にそこに到着し、同地の法廷と、すでに文壇ではきわめて称賛に値すると知られていた教皇ウルバヌス八世聖下の寛大さにより、トスカナ大使のいたトリニタ・デイ・モンティの壮麗な宮廷に軟禁された(118)。彼は自分の過ちを示されると、真のカトリック教徒としてすぐに自分の意見を撤回した(119)。しかし、刑罰として彼の『天文対話』は禁止された(120)。五カ月後(この間、フィレンツェの町はペストで汚染されていた)、彼はローマを追放され、惜しみのない哀れみの心により、シエナの町のとても親しくて尊敬されていた友人、大司教ピッコローミニ師の住居を軟禁の場所として指定された(121)。彼は平穏で喜びを与えてくれる洗練された会話を楽しみ、ここで研究を再開し、固体の抵抗力の問題についての機械学的命題の大部分を見いだし証明し、他のことについても思索した(122)。およそ五カ月後、祖国でのペストがすっかり終息した一六三三年一二月初旬、彼は教皇によってこの窮屈な住居から開放的な田園へと移された。これは、彼には歓迎すべきことだった。この結果、彼はすでに長らく住んでいたアルチェトリの邸宅に戻ったのである(123)。そこには新鮮な空気があり、フィレンツェの街にも近く、友人や家族が頻繁に訪れることができた。彼らの訪問はいつも彼の苦悩をとても和らげ、彼を慰めた。

『天文対話』がアルプスの向こうの国々に渡らないようにするのは、もはや不可能だった。そのため、その後すぐにドイツで前述のマティアス・ベルネッガーによってラテン語訳され、出版された。さらに、他の人びとによってフランス語、英語、ドイツ語に翻訳された(124)。引き続いてオランダで、パリ出身の有名な法律家で偉大な文学者のエリア・ディオダティ氏(125)によって一六一五年頃にガリレオ氏によって俗語で書かれていた論考のラテン語訳が出版された。この論考は、クリスティーナ・ディ・ロレーナ令夫人に宛てた手紙の形式をとっていた(126)。当時のローマでは、コペルニクスの意見は間違っていると断言できるかどうか、このコペルニクスの本を禁止するかどうかということが議論されていた。この論考のなかで、ガリレオ氏は、あとになって感覚的経験と必然的証明によって間違っていると示されるかもしれないような自然現象とその推論結果の説明に聖書の章句を使うのはどれほど危険かということを警告しようとしていたのである。自分の著作が翻訳され、新たに出版されたという知らせを受けて、ガリレオ氏はとても落胆した(127)。他の多くのものとともにそれらを絶対に世に出さないということができなくなるのではという予感がしたからである。彼が述べる他のものというのは、すでに手稿の形でイタリアや外国に流布していた同じテーマについてのもので、アリスタルコスとコペルニクスの意見を信じていたさまざまな機会に書かれたものである。この意見については、ローマでの検閲の権威のゆえに、彼はカトリック教徒らしく近ごろ放棄していた。

無限の摂理がこのようなゆゆしい過ちから彼を解き放ち、慈悲深くも彼に授けることにした魂の救済という恩恵のゆえに、ガリレオ氏は恩知らずと思われたくなかった。だから、彼は他のきわめて重要な発明に励み続けたのである。こうして一六三六年に、彼は経度のための驚嘆すべき発明を、パリ駐在のスウェーデン王国大使のフーゴー・グロティウス氏に後援され、さらに交渉をすべて引き受けてくれる前述のエリア・ディオダティ氏の精力的な助力も得て、オランダ共和国の議会に提供しようと決断した。(128)この気前のよい申し出は議会によって歓迎され、彼は交渉の過程で華麗な金の鎖を添えた心のこもった手紙を受け取った。当時のガリレオ氏はそれで身を飾ろうとはせず、その贈り物を進行中の交渉が終了するまで誰かに預けるよう議会に嘆願した。空虚な献上品とうぬぼれによって高貴な人びとの財宝を盗んだと吹聴する口実を邪悪なライバルたちに与えないためだった。(129)議会は、成功すればもっと大きな報償を彼に与えることを決定した。彼らはこの提案を審議しテストするために、もっとも優れた数学者、航海術、地理学、天文学の専門家の四名の委員をすでに指名していた。(130)ガリレオ氏は彼の発見についての理論や実践に関するどんな意見や秘密であっても、さらに必要に応じて、船が少し揺れていてもメディチ星を観測するための望遠鏡の簡単で確実な使い方についての着想をすべて委員に自由に提供することになった。委員たちによって、こうした有益で巧妙な提案は検討され、驚きをもって承認されたのである。四名の委員のひとりのマルティヌス・ホルテンシウス氏が議会によって選ばれてオランダからトスカナに派遣され、発明の理論と実践に関するさらに詳しい指示と使用説明をガリレオ氏の口から聞き出すために彼と会談した。要するに、五年以上かかったこの交渉で、どちらの側にも計画全体をまとめ上げようという熱心さと決意に欠けていたわけではないのである。しかし、ここでも神は力を貸そうとはされなかった。我らのガリレオがこの熱望された発明品の最初で唯一の発明者であり、天空の新奇と驚異のすべての発見者であり、それゆえ、彼は地上においても海上においても、言ってみればこの天体において不朽の名声をもち、称賛に値すると知られたことで満足させたのである。そして、さまざまな災難によって企ての実行を妨げて別の機会に委ねさせ、地上のよく知られた道と同じように未知の海上の道を安全に旅しようとする人間の尊大な高慢さを抑制されたのである。このため、ガリレオ氏は木星の衛星の運動を解明するために二七年にわたって大きな厄介事と労苦に耐えてきた。最終的に、彼は経度測定に使用できるほどの高精度でそれらを明らかにした。さらに、数年前に誰よりも早く、望遠鏡を用いた非常に精確な観測によって、月の斑点のおかげで月の新しい運動、つまり秤動〔月が見かけ上ふらついて見える現象〕に気づいていた。(131)この神の摂理は、ガリレオだけにすべての秘密を明らかにするのを許すことはなかった。おそらく未来の人びとの研究のために天空に隠したままにしておいたのである。この交渉が大詰めに来たとき、彼は七四歳ほどになっていたが、神の摂理が彼の両眼に不愉快な形で訪れた。数カ月持病に苦しめたのち、彼から視力をすっかり奪ってしまったのである。(132)それらの眼だけが、一年足らずで、これまで何世紀も人間に見ることを許してきた以上のものを宇宙に発見し、観測し、それらが見えることを他人に教えてきたのである。この痛ましい出来事のために、彼の弟子で、のちにピサの数学教授となったヴィンチェンツォ・レニエリ神父(133)に、彼自身の書いたものすべて、前述の惑星に関する観測と計算を託すことを余儀なくされた。この結果、彼が盲目のガリレオを助け、フィレンツェにやって来たホルテンシウス氏に与えて議会に提供するために表と天体暦を作成した。しかし、短期間のうちにホルテンシウス氏の死の知らせだけでなく、この計画のために委任されていた他の三名の委員の死の知らせも届いた。(134) 彼らが提案を完全に知らされ、その正しさと実践の確実さと方法を信じていたのである。最終的に、いずれも高名で博識な、オランイェ公の首席評議員で秘書のホイヘンス氏とアムステルダム市の評議員で法律顧問のボレール氏によって議会との交渉が再開され、(135) 妥結に向けた努力が続けられることになった。ガリレオ氏は、彼らの同意を得て、秘密をすべて知らされていたヴィンチェンツォ・レニエリ神父にメディチ惑星の表と天体暦をもたせて向こうに派遣し、適切な人物にすべてを提供させ、教えさせようと決断した。彼らは提案が信頼でき、成功が間違いないとすでにわかっており、とても熱心に対応したが、のちに述べるように、かくも偉大な発明の考案者の命が尽きてしまった。ここで、オランダ議会との交渉はすべて中断したのである。しかしながら、これでこのように優れた企てが成就するのを多くのやり方で頑なに妨げてきた、あるいは、先延ばししてきた不快な流れが断ち切られたわけではなかった。一六四八年〔これはヴィヴィアーニの誤記〕、前述のレニエリ神父が天体暦を表と将来のどの時点であってもメディチ惑星の配置を計算する基本原則とともに出版する準備をようやく終えたとき〔殿下はこれを見たと言っておられます〕、これらはガリレオ氏から彼に授けられた研究と指示に基づいてまとめられたものであり、ガリレオ氏が何年にもわたる徹夜の末に獲得したものだが、前述の神父は突然に思いがけない病気になり、これが原因で亡くなった。この出来事のなかで、誰かはわからないが、ある人物が前述の作品を彼の書斎から奪い去ったのである。これはすでに完成され、ほぼすべてがこのテーマについての文書と観測で、ガリレオ氏が彼に授けたものと彼自身のものの双方があった。この損失はとても嘆かわしいことで、それを埋め合わせるには明敏な観測者であるガリレオ氏が惑星の周期と運動についての完全な知識を獲得するのに要した以上の時間を必要としている。しかし、どんな災難があったにせよ、このような優れた発見の応用は延期することにしよう。そして、あの星々の運動を追跡するのは、他の人に汗を流させることにしよう。あるいは、他の人に最初の発見者の労苦で身を飾らせ、考案者としての報酬と名誉を得させよう。経度の測定のためには木星の随伴物に訴えるのが自然界における唯一の手段であるから、さらに、これだけがいつの日か地上においても海上においてもあらゆる観測者に実行されるだろうから(136)、発明の第一位と栄誉はやはり我らの偉大なガリレオのものである。このことは、全君主国とヨーロッパのきわめて有名な共和国によって認められていることであり、海図と地図の作成、そして地球全体の詳細な描写は永遠に彼だけに負うことになるだろう。

すでにガリレオ氏は、彼の他の著作のすべてで不運にも経験してきた対抗心を再び挑発しないように、自分の労作をこれ以上決して出版しないと決意していた。しかし、自然への感謝の念を示すため、彼は自分に好意をもち、その論考のテーマを理解できるさまざまな人びとに手元にある草稿を伝えようとした。そのため、彼がまず選んだのは、著名なフランス人で、一六三六年にローマ駐在大使から帰国の途上にあったノアイユ伯[137]で、彼の対話、つまり『機械と位置運動に関する二つの新科学についての論議と数学的証明〔新科学論議〕』[138]の原稿を彼に献じた。その基本原理は、非常に多くの命題とともに、パドヴァとヴェネツィアにいたときに獲得したものであり、彼がいくつかの興味深い自然についての問題や命題を検討するために絶え間なく行なっていた、さまざまな実験に立ち会っていた友人たちに見せていた[139]。伯爵はとても喜んでガリレオ氏の原稿を受け取ったが、パリに戻ると、この宝物を世界から横取りすることを望まず、ライデンのエルゼヴィルに写しを届けさせた。エルゼヴィルは直ちに印刷に着手し、一六三八年に完成させた[140]。

この思いがけない出版からしばらくして、わたしは当時ガリレオ氏が住んでいたアルチェトリの邸宅に入ることを許され、彼との会話や彼の貴重な教えを楽しむことができた(141)。彼のほうは、わたしが少し前に熱中していた数学研究で生来の怠惰のためにしばしば直面した疑問や困難の解決策について彼の助言を求めたことを喜んだ。たまたま前述の『論議』を読んでいて、位置運動の議論にさしかかったとき、他の人もそうだったように、加速運動の科学全体の基礎となっている原理は真実ではなく、周知のように、それを仮定とする必要があるのではないかと思った(142)。そこで、わたしはこの仮定をもっとはっきりと確認するためにそれについて彼に尋ねた。そのため、その幾何学的証明を見つけるために彼を徹夜させることになった。これは彼にはいつものことで、彼の健康を大きく損なうものだった。彼はその証明をパッポスの命題に反対して証明した理論(前述のメルセンヌ神父によって出版されたガリレオの機械学についての論考にある)(143)から導いた。そして、彼をよく訪ねてくる他の友人たちにするのと同じように、すぐにわたしに教えてくれた。数カ月後、彼は親切にもわたしを自分のそばに置いて教え続け、わたしを指導してくれることになった。たとえ肉体的には盲目であっても、知性のほうは光り輝いていたのである。この学習で彼が期待したのは、わたしにあとを追わせ、その定理を記述させることだった。図や記号を使う必要があるとき、盲目の彼には困難だったからである。彼はその多くの写しをイタリアとフランスの友人たちに送った。わたしが同じように疑いをもったとき、彼はユークリッドの第五巻の定義五と七[144]についての彼の考察、つまり証明をやはりわたしに説明してくれ、あとでわたしに書き取らせた。前述の彼の本が再版されたときに、均等運動についての最初の命題のあとに挿入するためだった。この証明は、殿下の求めで、ガリレオ氏本人からそれを聞いたエヴァンジェリスタ・トリチェリ氏[145]によってのちに拡張された。

一六三九年三月一一日、殿下は哲学的な好奇心からガリレオ氏に手紙を書き、哲学者のリチェティ[146]の『ボノーニア石について』、とりわけその第五〇章にある学説についての彼の意見を求めた。そこで著者は、月の白い光、つまり二次光についてのガリレオの意見に反対していたのである。彼は数日で、殿下がご存知のように、一六四〇年になったその月の末日に非常に学識豊かな手紙で回答した。そこでは、ガリレオは非常に深遠で鋭い理論と推測で自分の見解を補強しようとしていた。のちにリチェティは、大部の著作でこの手紙に答え、それにガリレオの手紙を付けて一六四二年に出版した[147]。

彼の最後の日まで、わたしが彼のそばで暮らした三〇カ月間、彼は手足の非常に激しい痛みのためにほとんど絶え間なく苦しめられ、眠ることも休息することもできなかった。まぶたの焼けるようなしつこいうずきは彼に耐えがたい不快感を与えた。さらに高齢によるものや、これまでのたゆまぬ研究と徹夜によってもたらされたその他の体調不良、これらのために、すでに終了し我がものとしていたが、そうしたいと思いながらもまだ書き留めていなかった他の研究成果の執筆に専念できなくなった。彼は(『新科学論議』が出版されたあと)以前の四日間に加えて二日間を書こうと考えていたのである。[148] その最初の日において意図したのは、前述の二つの証明以外に、すでに印刷された四日間のさまざまなくだりについての新たな考察と見解を多数追加し、同時にアリストテレスの大量の自然学的問題と彼のその他の金言と意見への解答を付け加えることだった。それらは、明白な誤謬、とくに『動物の進行について』における誤謬を明らかにするものだった。[149] 最終日では、幾何学を向上させて注目に値する衝撃力を取り扱うことによって、[150] もうひとつの新しい科学を立ち上げようとした。そのなかで、彼は非常に先鋭で隠されていたが、すでに公表したどの考察をもはるかにしのぐ結論を見いだし、証明することもできると述べていた。しかしながら、このような遠大な計画に専念している途中で、彼は治まりそうもない発熱と心臓の動悸に突然襲われた。彼の命を次第にむしばんでいく病気になって二カ月後、主の受肉から数えて〔フィレンツェ暦の〕一六四一年一月八日水曜日の夜四時[151]に七七歳一〇カ月と二〇日で、彼の魂は哲学とキリスト教の神の恩寵に浴して創造主のもとに召された。そこに慰めがあったと信じるなら、彼の魂は、壊れやすい仕掛けを通してとても貪欲に焦燥にかられながら死すべきわれわれの眼に近づけることができた不滅で不変の驚異をもっと間近で楽しみ、見つめていることである。

この慰めようもない別離は、すべての学者と全世界にとって計り知れない損失となった。それは、われわれからかくも偉大な哲学者の論題の多産な鉱山を奪ったのである。彼は抗いがたい自然の掟によって死なねばならなかったのである。それればかりか、掘り出されて彼の明晰な頭脳に収められた思索という純金をも奪った[152]。これは他の誰の努力によっても取り戻すことは決して望みえないだろう。そのうち、衝撃力の考察に挿入するためのわずかな断片が、加速運動の科学に関する証明、およびユークリッドの定義五と七の証明とともに息子と孫たちのもとに残されている。

彼の遺体はアルチェトリの邸宅からフィレンツェに移され、大公殿下の命令によってサンタ・クローチェ教会の離れた場所に安置された[153]。そこは、貴族階級のガリレイ家の古くからの埋葬地であり、この教会のもっとも重要な場所に荘厳で豪華な安置所を建てようと考えられたのである。(154) このようにして、生前に劣らず死後も第二のフィレンツェ人アメリゴという不朽の名声で大きく讃えようとした。(155) 彼はわずかな陸地の発見者ではなく、殿下一族のきわめて幸運な後援のもとで明らかとなった無数の天体と新しい天空の光の発見者である。

ガリレオ氏は、とくに老年になってからは快活で陽気だった。彼はたくましい体格で、普通の身長で、生来の多血質であり、冷静で、とても強健だったが、苦労と苦悩のために肉体同様に精神のほうは思いがけず衰弱していた。そのために、しばしば倦怠を感じた。彼は多くの災難と心気症に見舞われ、何度も深刻で危険な病気に襲われた。その大部分は、夜通し行なった天体観測に伴う窮屈さと徹夜が原因だった。彼は、最後の日まで四八年以上も突き刺すような痛みと激痛に悩まされた。それは季節の変わり目に身体各部を厳しく痛めつけた。その発端は、猛暑の夏にパドヴァ近郊の別荘でふたりの身分の高い友人と過ごしたことである。日中のうだるような時間を避けるためにとても涼しい部屋で休息し、眠り込んでいると、召使いが不注意にも窓を開けた。楽しみのためにだけ、水の流れと落下によって生じた人工的な風がそこを通って絶えず吹き出してくるようになっていた。この風は冷たく湿りすぎていたため、とても薄着で休息していた彼らの体に二時間も当たると、彼らの手足に次第に悪影響を及ぼしたのである。彼らが目覚めると、ある者はしびれて悪寒がし、またある者は激しい頭痛がしたり、その他不具合が生じた。全員が重病になり、そのために仲間のひとりは数日後に死亡し、もうひとりは耳が聞こえなくなり、長生きできなかった。ガリレオ氏は前述のように健康を害し、そこから回復することはなかった(156)。

彼には戸外で過ごすことほど大きな心の慰めはなかったし、健康の維持に役立つことはなかった。このため、パドヴァから戻ると、フィレンツェの町の喧噪から遠く離れた友人の別荘、あるいはベロスグアルドやアルチェトリ近郊のいくつかの邸宅におおかたは住んだ。彼には町はある意味で思索的な才能にとって牢獄に思われたし、知性の眼で読み学ぶことを楽しむ者には田園の開放感はつねに開かれている自然という書物だったから、とても満足してそこに住んだ。彼が言うには、そこに書かれている文字は数学的命題、図形、そして証明だった(157)。それらを用いるだけで、自然そのものの無数の秘密のいくつかを洞察することができるのである。だから、彼はほんのわずかしか本をもっていなかったが、それらは最良で第一級のものだった。彼は哲学と幾何学の分野で書かれた優れた意見を、それが才能ある者に教え、同様のあるいはより高度な思索へと鼓舞するがゆえにとても称賛した。しかし彼は、自然哲学のきわめて豊かな宝物庫へと導く正面の門は観察と実験であるとよく言っていた。それは、気高く好奇心ある知性が感覚という鍵を使うことで開かれるのである。

彼は自宅での静謐さと独居を気に入っていたとはいえ、有徳の人物や友人たちとの交流をつねに愛していた。彼らは毎日のように訪ねてきて、喜びをもたらすものや贈り物を携えていつも彼に敬意を表わしたのである。彼はしばしば彼らと食事をするのを楽しんだ。彼はとても質素で控えめだったが、自ら進んで陽気に振る舞い、とりわけ質のよい食べ物と各地のさまざまなワインに気を配った。これらは大公殿下(158)のワイン貯蔵庫やその他から切れ目なく供給された。このように、彼はワインとブドウのご馳走を楽しんだ。さらに、邸宅の菜園で、手ずから剪定し、接ぎ木をして、人一倍注意深く、熱心に、また努力もしてブドウの木の世話を楽しんだ。彼はいつも農作業をとても楽しんでいた。農作業は彼にとって気晴らしであり、同時に植物の栽培と生長、つまり種子の実を結ぶ能力、創造主たる神の驚嘆すべき技を哲学的に考察する機会となったのである。

彼は浪費よりも吝嗇をもっと嫌った。彼は、新しく驚嘆すべき結果をもたらすような知識を獲得するために、さまざまな試験や観察するのに出費を惜しまなかった。彼は、抑圧された者を慰めるため、異邦人を歓迎し褒め称えるため、何らかの技能や職業で優れている困窮者に生計を維持するのに必要なものを、彼らが適度に楽しむことができるようになるまで提供するために、気前よく金を投じた。彼が歓迎したのは、フランドル、ドイツ、その他の多くの若者、絵画、彫刻、その他高尚な職業の指導者、数学や他の科学分野の専門家だった。彼らの名前は省略するが、最後にやって来て、資質においておそらく第一だったひとりだけには言及しておこう。ベネデット・カステリ神父が彼のかつての弟子で、今は教師となっている人物をガリレオ氏のもとに送り、推薦した。ガリレオ氏にはもっとも優れた幾何学者をそばに置くという楽しみができ、当時不運に見舞われていた彼にはガリレオ氏と交わり庇護してもらえるだろう。わたしは、エヴァンジェリスタ・トリチェリ氏のことを言っているのである。彼は品行方正で、穏やかな話し方をする若者で、ガリレオ氏の家に迎え入れられ、彼に寵愛され支援されて、互いにとても造詣の深い会話を楽しんだ。しかし、地上におけるかくも偉大な二つの光の交わりは、天体の合と同様に一瞬のことだった。ガリレオ氏は彼と三カ月しか生活しなかったのである。彼は死亡したが、彼を安堵させたのは、このような立派な人物がこの世に現われたことを見届けられ、その人物を通して殿下一族の慈悲深い威光に近づけたことだった。ガリレオ氏の死後、カステリ神父も目的を達成した。同様にガリレオ氏の弟子だった元老院議員のアンドレア・アリゲッティ氏(159)の助言で、トリチェリ氏がフィレンツェに留まることになったのである。彼は閣下（あらゆる科学の研究者たちを庇護し支援するという先祖伝来の資質をもち、とりわけ数学を好み、その才能もあった）によって大公殿下に引き会わされた。大公は彼を讃えて、大公付き哲学者兼数学者という誉れ高い肩書きを与えたのである。さらに王侯の鷹揚さで、彼の著作のうち彼の名声を不朽のものとするものを出版し、未完のままにしているもっと驚くべきものを準備するよう促した。これは、羨望をかき立てながらも未熟なまま中断していたのだが、アルプスの向こう側で待ち望まれていたもので、すぐに公表されることになる。(160)

ガリレオ氏は通俗の名誉を追い求めてはいなかったが、俗衆から自分を区別しうる栄誉は別だった。謙虚さはいつも彼の友だった。彼には虚栄心とか傲慢さは決してなかった。不運に見舞われたときも彼は信念を保ち、敵たちの迫害にとても勇敢に耐えた。怒りっぽかったが、もっと素早く静まった。普通の会話ではとても愛想がよく、大事なことを語るときには威厳のある意見や発想で満ちていた。愉快な話題では、機知と辛辣さに欠けることはなかった。彼が他人の学説や自分自身の考察を説明するときの説得力と表現力は彼の文書や作品に右に出る者がいないほどあまりにも明らかで、いわば神業だった。

彼のすばらしい記憶力は生来のもので、極端に詩を楽しんでいたから、ラテン語の著者のうち、ウェルギリウス、オウィディウス、ホラティウス、セネカのほとんど、トスカナの著者のなかでは、ペトラルカのほぼすべて、ベルニの韻文のすべて、ルドヴィコ・アリオストの詩のほぼすべてを暗記していた。アリオストはいつも彼のお気に入りで、他の詩人よりも称賛し、非常に多くの機会に彼について詳しく批評し、タッソと比較した(161)。彼がピサにいたとき、この批評を友人から何度もとても熱心に求められた。この人物はヤコポ・マッツォーニ氏(162)だったと思われる。結局ガリレオは彼にそれを渡したが、あとでそれを取り返すことができなかった。折に触れて、彼はそうした研究が失われたことを悔やみ、その研究には喜びと楽しみがあったと言っていた。アリオストについては、尊敬し称賛するさまざまな見解を述べ、アリオストとタッソの詩についての評価を求められたときは、憎しみをかき立てるように思えて、最初は比較するのをためらっていた。しかし、のちに回答せざるを得なくなり、タッソのほうがすばらしいと思われるが、自分はアリオストのほうが好きだと語った。そして、前者は言葉を述べており、後者は事象を表現していると付け加えた。誰かがガリレオの著作に見られる明瞭さと明確さを褒めたとき、彼は謙虚に、著作にそのような箇所が見つかったとしても、すべてはアリオストの詩を繰り返し読んだためだと答えている。よい作品だけにある美質をそこに見つけていたのである。つまり、何度それを読み返しても、いつもそこに驚きと完璧さを発見したのである。そして、ダンテの詩の二行でそのことを裏付け、自分の気持ちを代弁させた。

わたしは彼をさらに何度も読むことはなかった。
そこに新たな美を見つけられないのなら。(163)

彼は深刻な詩も滑稽な詩も書いたが、(164)専門家たちに高く評価された。

彼は音楽理論を驚くほど理解しており、そのことを前述の最後の対話篇の第一日目ではっきりと実例で示している。[165]

彼は絵画を趣味としていたことに加えて、彫刻作品や建築にも申し分のない審美眼をもっており、あらゆる芸術のなかで素描を上位に置いた。[166]

祖国において、イタリアにおいてと言ってもよいが、彼は数学と真の哲学を革新した。彼は、ピサ、パドヴァ、ヴェネツィア、ローマ、そしてフィレンツェにおける公的および私的授業を通じてこのことを行なっただけでなく、集会において彼の前で起こった絶え間ない論争を通じても行なった。とりわけ、好奇心にあふれる人びとや多数の貴族たちに教えることで、彼らに注目すべき収穫をもたらした。実際、ガリレオ氏は並外れた教授能力を生まれながらもっており、彼の学生自身が短期間で師の偉大さを認めたほどだった。

彼の数学の公開講義には多数の聴衆が参加し、今日でもその記憶がパドヴァに残っている。高名で学識あり、当時ガリレオ氏の学生だった人物の証言がある。ガリレオは(これはバリソーネ司教猊下[167]の語ったことである)彼の講義に割り当てられていた教室から出て、学芸学部の学生のための千人を収容できる大教室に行って講義をすることを余儀なくされた。それでも充分ではなかったので、法学の学生のための二倍大きい大教室に移らざるを得なかった。ここも、しばしば満員になった。その大学の他の講師は誰も(彼らの専門はガリレオとは異なっており、そのために全員からもっと受け入れられたにもかかわらず)このような多くの学生と拍手喝采を得たことはこれまで決してなかった。この評判は、幾何学から導かれる非常に美しく興味を引く結論をとても華麗で堂々たる方法で証明し、それらを驚くべき平易さで聴衆の有用性と同時に喜びとなるように説明することで、他の科学にもまして数学的能力を際立たせる彼の並外れた才能のために高まった。このことをはっきりと確かめるには、パドヴァで彼の弟子になろうとした人物の身分を考えてみればよい。イタリア、フランス、フランドル、ボヘミア、トランシルヴァニア、イングランド、スコットランド、そして他のあらゆる国の多数の君主や貴族たちである。わたしが耳にしたところでは、のちに雷のごとき戦士となるスウェーデン国王の偉大なグスタフが、若かりし頃、イタリアへのお忍びの旅の途上でパドヴァに立ち寄り、お供の一行とともに同地で何カ月も滞在したことがあった。彼は、主としてガリレオ氏によって公開講義と私的な集まりで毎日のように提案され、周囲の人びとを感嘆させながら解明されていく新しく貴重な思索ときわめて興味深い問題に引き留められたのである。国王はガリレオ邸を訪れ(優美なトスカナ語を練習することにも興味があった)、球面三角法、築城術、遠近法、いくつかの幾何学的軍事的器具の使用法についての説明を聴こうとした。彼は本当の弟子として勤勉に学び、最後には、秘密にすることを頼みつつ、最高の贈り物として自分が国王であることを明かした。[168]

彼は大学の休暇中はパドヴァを離れたが、一六〇五年の初夏、当時はトスカナの皇子だったコジモ殿下[169]が彼のコンパスについての説明を聴きたがった。その後何年間もこの季節に、ガリレオ氏は殿下に数学を教え続けた。コジモが大公となったあとも、彼はコジモに加えてフランチェスコとロレンツォ皇子も教えた。[170]

彼の弟子だった数学教授のなかで、五人がローマ、ピサ、ボローニャの著名な教師となった。[171] ガリレオが彼らによく言っていたのは、彼らは他の誰にも増して神と自然に感謝すべきだということだった。彼らの専門を学んでいる人びとに対してだけ授けられている特権、つまり、幾何学に専念し、彼らの受講生となった人びとの才能と能力をためらうことなく評価できるという特権を与えられているのだから。さらに、幾何学図形が描かれる黒い石板は才能の試金石であり、こうした試練を乗り越えられない者は哲学に不適格というだけでなく、どのような仕事にも官吏にも不向きだとして解雇されるかもしれない。

ガリレオ氏のなかに豊かに光り輝いている徳の高い資質と優れた美点がどれほどのものかは世界中で日々に知られており、称賛されている。このことは、ヨーロッパのきわめて卓越した教養人から、パルマ公、バイエルン公、マントヴァ公、モデナ公から、オーストリア大公のレオポルト殿下とカール殿下[172]から、多くの高位聖職者と枢機卿たち[173]から、ヴェネツィアとオランダ共和国[174]から、ポーランドの無敗のヴワディスワフ国王とスウェーデンのグスタフ国王[175]から、スペイン国王から、ルドルフ、マティアス、フェルディナントの各皇帝[176]から、さらにその他多くの貴族、王族、権力者からさまざまな機会に寄せられたこの上なく名誉ある要望や贈り物からわかる。このことは、彼らの多くがまるで神託を伺うかのように彼に訴えた手紙から見つけたものである。彼らは、天空の新事実とその成り行きについて、さまざまな自然現象について、さらに哲学的、天文学的、あるいは幾何学的な証明と疑念について彼の意見を求めていた。それら他の人の依頼についてと同じくらい容易に彼の才気に満ちた回答を集めることができたなら、計り知れないほどの価値がある宝物を確実に蓄えることができるだろう。そこには、いつも豊かな実りを与えてくれる学説の新奇性と概念の堅固さがあるからである。要するに、彼が世界中で抱かれていた崇敬の念をもって彼を見ることができるだろう。どのような名声のある知識人も、外国のどのような貴族や君主も、彼が住んでいた町や邸宅に彼を訪問しようとせずに、パドヴァやフィレンツェを通り過ぎたことはなかったのだから。そして、故国に帰ると、彼らは自分たちの長旅を充分にその価値があったと評価し、かくも著名な人物と知り合い、ともに語り合ったと述べたのである。ヨーロッパのはるかかなたから貴族たちが、勝利を収めた共和国の偉大さが彼らを導いたわけでもないのに、有名なリウィウスと会うためにだけローマに出かけたのにならって(177)、いかに多くの重要人物や貴族たちが遠隔地からガリレオひとりと会うためにイタリアへと旅立ったことか。

彼をいつも歓迎し、称賛していた偉大な人物たちの厚情と尊敬の証拠のすべてを書き留めることはできないので、彼の栄光のすべてを一例だけで要約しよう。殿下が憶えておられるように、彼は一六三八年にフィレンツェの自宅で病に冒されていたが、今も無事に君臨されておられるトスカナ大公が自ら殿下とともに病床の彼を訪問され、とても甘美な強壮薬を手ずから渡された。あなたは二時間以上も留まり、学識豊かな大公殿下と同じように、高貴で好奇心あふれる思索を深めようとして首席哲学者の講話と会話を楽しまれました。実にこれは臣下に対する並外れた愛情の例であって、それゆえに、輝かしい栄誉を受け取る者に劣らず、それを授ける者にも卓越した美徳が輝いています。

殿下がよくご存知のように、大公はこの前後にも彼を訪問され、何度も敬意を表されました。この善良な老人の高い学識を楽しみ、彼の魂の不安と気の毒な失明を慰めるため、フィレンツェの宿泊地あるいは王宮からアルチェトリを訪れた他の君主たちもそうしました(178)。

誰よりも頻繁に直々彼に敬意を表された殿下、あなたは数学的科学の研究を驚くほど深められ、彼の著作を学んでいるときに思い浮かんだ考えを報告するのを楽しんでいたと彼に言ってやってください。そのことが、偉大なガリレオに、彼が今なお生きていれば全面的に確認されたと考えて喜んだはずのあの評価をさせた理由を与えることになるのです。彼が何度も驚きながらわたしに明言したことですが、彼の多数の聴講生のなかで殿下ほど迅速に弁論の天分と円熟を示した者に出会ったことはなかったというのです。彼は数学ではなく、むしろ哲学において、したがって彼のこの方針によれば、重要な業務における驚くべき進歩を期待していました。

これが、今のところ、あのように実り多い主題についてわたしの記憶によみがえったことです。わたしは昔の消息については、その多くをきわめて短時間で各所から集めることができました。あの偉大な人物の古くからの友人のほとんどの助けを借りなかったのですが、彼らなら、彼の生涯において輝いていた多数の有徳の格言や記憶すべき活躍をわたしに提供してくれたかもしれません。しかしながら、さしあたっては、この誠実な服従と敬意の表明を受け入れて、殿下は満足されますように。

一六五四年四月二九日　自宅にて

殿下の

もっとも卑しく、もっとも忠実な、もっとも恩義あるしもべ

ヴィンチェンツォ・ヴィヴィアーニ

訳　注

（1）レオポルド・デ・メディチ（一六一七―一六七五年）はトスカナ大公コジモ二世とオ

ーストリアのマリア・マッダレーナとのあいだに生まれ、トスカナ大公を継いだフェルディナンド二世の弟である。科学と芸術の庇護者であり、一六六七年に枢機卿となった。一六五七年には、ガリレオの偉業をさらに発展させるために兄のフェルディナンドとともにアカデミア・デル・チメントを設立した。このアカデミアは最初期の学会のひとつで、ヴィヴィアーニのほか、ジョヴァンニ・ボレリ、ニコラウス・ステノなどの当時のイタリアを代表する科学者が参加していた。

（2）ヴィヴィアーニ（一六二二―一七〇三年）はこの文書をフィレンツェで執筆している。グレゴリオ暦制定（一五八二年）以前には、ヨーロッパの多くの国、地域で一年はマリアの受胎日、つまりキリストの受肉日とされる三月二五日を基準とし、一年はその日から始まるか、または終わった。フィレンツェでは新年は三月二五日から始まったが、マリアの受胎は紀元前一年の出来事だから、西暦元年はキリスト生誕後の三月二五日からということになる。したがって、ヴィヴィアーニがガリレオの誕生日としている二月一九日は、今日からすると前年の日付になる。これに対し、ガリレオが生まれたピサでは、マリアの受胎の翌日の三月二六日から一年、つまり西暦元年が始まった。ピサ暦でのガリレオの誕生日の二月についてはキリスト生誕翌月の一月から新年が始まる現代の暦と一致し、一五六四年である。*ab Incarnatione* は、*ab Incarnatione Domini*（主の受肉から）の省略形。

（3）ガリレオが生まれたのは一五日であって、一九日は洗礼を受けた日である。ヴィヴィアーニが一九日としたのは、あのルネサンスを代表する芸術家ミケランジェロ（一五六四年二月一八日没）の死の直後にガリレオが生まれたことにして偉人伝にふさわしい彩りを添えようとしたからだという意見があるが、これは疑わしい。ガリレオの息子ヴィンチェンツィオも誤って一九日としており（*OG*, vol. 19, p. 594）、ヴィヴィアーニはこの報告を信じたからであろう。ガリレオが生まれたのが一五日であることは、彼が作成した自分自身のためのホロスコープから明らかである（*OG*, vol. 19, p. 23）。

（4）ヴィンチェンツィオ・ガリレイ（一五二〇—一五九一年）はリュート奏者、音楽理論家として知られ、『リュートのための楽譜』（*Intavolature di Liuto*, 1563）、『フロニモ』（*Il Fronimo*, 1568）、『古代音楽と現代音楽の対話』（*Dialogo della musica antica, et della moderna*, 1581）などの著書がある。

（5）名前がわかっているのは、ガリレオの妹のヴィルジニア（一五七三年生）、弟のミケランジョロ（一五七五年生）、もうひとりの妹のリヴィア（一五七八年生）だけで、他にも弟や妹がいたと思われるが、早逝したのだろう。

（6）ガリレオは一五七四年に家族とともに父親の生まれ故郷であるフィレンツェに移り、ラテン語、ギリシア語、その他を学んだ。このときの教師はヤコポ・ボルギーニという名前だったことがわかっている。

(7) ヴァロンブローサはフィレンツェの東方二〇キロメートルほどのところにあり、ガリレオが学んだのは、そこにあるベネディクト会のサンタ・マリア修道院である。当時、この修道院の修道士たちは神学、占星術、数学、修辞学において際立っていた。

(8) ガリレオの弟のミケランジョロ(一五七五―一六三一年)は職業的リュート奏者であり、ミュンヘンでバイエルン公の宮廷音楽家を務めた。

(9) チゴリ(一五五九―一六一三年)は彼の生誕地から付けられた通称で、本名はロドヴィコ・カルディ。晩年の九年間をローマで過ごしたが、このときローマで太陽黒点を観測し、ガリレオの研究を助けた。ガリレオのもっている望遠鏡の欠陥のために、あるいはフィレンツェという特定地点での観測のために太陽の表面に幻影を見せたのではないかという疑いを払拭することになったからである。彼が一六一〇年から一二年にかけてローマのサンタ・マリア・マッジョーレ大聖堂内のパオリーナ礼拝堂の天井に描いたマリア像の足下には、ガリレオの月面のスケッチがそのまま描き込まれている。

(10) ブロンズィーノ(一五〇三―一五七二年)は通称で、本名アーニョロ・ディ・コジモ。フィレンツェを中心に活躍した画家で、トスカナ大公コジモ一世などの依頼によって多数の肖像画、宗教画を描いた。

(11) パッシニャーノ(一五五九―一六三八年)は通称で、本名ドメニコ・クレスティ。ローマ、フィレンツェ、ヴェネツィアで活躍したが、彼の作品はほとんど残っていない。

(12) ヤコポ・ダ・エンポリ(一五五一—一六四〇年)はフィレンツェで生まれ、その生涯のほとんどをフィレンツェで過ごした。エンポリは父親の生地である。その作品のいくつかは、フィレンツェのウフィツィ美術館、パリのルーブル美術館などに所蔵されている。

(13) ガリレオの曽祖父の兄、同名のガリレオ・ガリレイ(一三七〇—一四五一年以前)は著名な医者で、フィレンツェ大学の医学教授でもあった。彼はサンタ・クローチェ教会の、ガリレオの霊廟の前の床下に葬られ、今でも墓碑銘を読むことができる。「ガリレオ・ガリレイ、かつてのボナイウティ〔ガリレイ家の祖先の姓〕は、この下に眠る。彼は哲学と医学において高度な業績を打ち立てた。」このことも、父親のヴィンチェンツィオが息子を医者にしようとした動機かもしれない。

(14) ガリレオが下宿したのはムーツィオ・テダルディ(一五二〇頃—一五九一年)の自宅で、彼はガリレオの母親、ジュリア・アマナティの姪の夫だった。また、彼はガリレオの弟ミケランジョロの名付け親でもあった。

(15) ホラティウスにまったく同じ表現は見当たらないが、『書簡詩』第二巻にある「青春の頃に習ったことがみな/この歳になり無駄になる」に基づいていると思われる(『ホラティウス全集』鈴木一郎訳、玉川大学出版部、二〇〇一年、六二六ページ)。

(16) ガリレオがピサを去ったのは一五八五年で、このことは、父親が出していたガリレオのピサでの滞在費が同年の五月で終わっていることからわかる(OG, vol. 19, p. 35)。

(17) この記述が、ガリレオは学生時代にピサの大聖堂でランプが揺れているのを観察して振子の等時性を発見したという逸話の起源となった。しかし、ガリレオ自身が振子の等時性について言及したのは、一六〇二年一一月二九日付のグィドバルド・デル・モンテ宛の手紙においてで(OG, vol. 10, no. 88)、ヴィヴィアーニの伝える話の二〇年ほどのちのことである。ガリレオも『新科学論議』第一日で、対話者のひとりであるサグレドに「いくつかの教会(複数形)内で長いロープによって吊り下げられたランプが、不注意にも誰かによって動かされ、振動するのに何度となく注目してきました」と語らせている(OG, vol. 8, p. 140)。しかし、この記述がガリレオ自身のピサでの体験を伝えているのかどうかはあやふやで、ヴィヴィアーニの話の信憑性については議論の余地がある。

(18) 実際に振子を脈拍計として応用したのは、サントーレ・サントリオ(一五六一—一六三六年)である。パドヴァ大学で学び、クロアチア貴族の侍医をしたのち、一五九九年にヴェネツィアに戻った。ガリレオの親しい友人となり、ガリレオの科学的発見に触発されて脈拍計だけでなく、彼の温度計を体温計として用いた。彼は定量的測定を医学に導入した先駆者であり、そのなかに人間が入ることのできる巨大な天秤を用いて、新陳代謝の研究をしたことで有名である。

(19) 『天文対話』第二日の欄外注には「自然はわずかなことでなしうることを多くのこと

を用いてはなさない」と述べられている(OG, vol. 7, p. 143)。

(20) フェデリコ・コマンディーノ(一五〇九―一五七五年)はウルビーノに生まれ、パドヴァ大学で学び、さらにフェララ大学で医学の学位を取得した。ユークリッド、アリスタルコス、アポロニウス、プトレマイオス、アルキメデスなどの古代の多くの著作のラテン語訳を出版し、その後の数学の発展に貢献した。

(21) フランチェスコ・マウロリコ(一四九四―一五七五年)は、生涯をシチリアで過ごしたベネディクト会の修道士。一五六二年にシチリアの歴史書を出版したことで知られているが、数学と天文学を研究し、一五六九年にメッシナ大学の教授となった。主著は一五七五年の『数学小品集』であり、そこには多角数についての論考が含まれている。死後の一六一一年に出版された『フォティスミ』はルネサンスを代表する光学書で、レンズによる屈折と視覚を論じている。

(22) オスティリオ・リッチ(一五四〇―一六〇三年)の青年期については、フェルモに生まれたということしかわかっていないが、おそらく、三次元方程式の解法を発見したタルターリアの弟子だったと思われる。トスカナ大公付きの数学者となり、ジョルジョ・ヴァザーリによって設立されたアカデミア・デル・ディセーニョの数学教授でもあった。一五八〇年代初頭にガリレオと出会い、彼にユークリッドとアルキメデスを教えた。

(23) ピタゴラスの定理と呼ばれているもので、「直角三角形において直角の対辺の上の正方形は直角をはさむ二辺の上の正方形の和に等しい」。

(24) ウィトルーウィウスの『建築書』が伝えているところによると、黄金の冠の製作を金細工師に依頼したシラクサのヒエロン王は、職人が冠を本当に純金で作ったかどうかを疑い、その検証をアルキメデスに依頼した。アルキメデスは浴槽につかっているとき、解決法を突然思いつき、職人が冠に銀を混ぜていることを突き止めた(ウィトルーウィウス『建築書』森田慶一訳、東海大学出版会、一九七九年、二三四―二三五ページ)。

(25) ガリレオは一五八〇年代にアルキメデスとは異なる比重測定のための器具を考案した。ガリレオが考案した比重測定装置は『小天秤』(*La bilancetta*, 1586)というタイトルの小論考として回覧された。同種のものはすでにあったが、ガリレオの天秤は、竿に細い針金を巻き付け、精密に種々の合金の比重を測定できた。

(26) グィドバルド・デル・モンテ(一五四五―一六〇七年)はペーザロに生まれ、軍事における功績によってウルビーノ公から侯爵とされた父の跡を継いだ。一五六四年にパドヴァ大学に入学したが、この時期にコマンディーノに数学の教えを受けた。数学、機械学、天文学における優れた研究者となり、『機械学』(*Mechanicorum liber*, 1577)、『平面天球儀の一般理論』(*Planisphaeriorum universalium theorica*, 1579)、『光学』(*Perspectivae libri sex*, 1600)などを出版した。ガリレオは自分の立体の重心についての理論を彼に見せ、彼から高く評価された。このことについては、『新科学論議』第四日末尾で対話者のひとりであるサルヴィアティに、ガリレオは当時の偉大な数学者であったグィドバルド・デル・モンテ侯に立体の重心に関するいくつかの定理を提出し、「コマンディーノによって扱われていなかった他の立体についても研究を続けていこうと考えた」と言わせている(*OG*, vol. 8, p. 343)。弟で枢機卿だったフランチェスコ・マリア・デル・モンテとともにガリレオの就職のために尽力し、彼を一五八九年にピサ大学、一五九二年にパドヴァ大学教授に就任させることに成功した。

(27)『立体の重心についての諸定理』(*Theoremata circa centrum gravitatis solidorum*)はコマンディーノの『立体の重心について』(*Liber de centro gravitatis solidorum*, 1565)を補完するものとして一五八〇年代中頃に執筆されたと思われる。一六三八年に出版された『新科学論議』の付録として初めて印刷された(*OG*, vol. 1, pp. 187–208)。

(28)フェルディナンド一世(一五四九―一六〇九年)はトスカナ大公コジモ一世の第五子で、一五八七年に兄のフランチェスコ一世の跡を継いで大公となった。枢機卿の地位については、クリスティーナ・ディ・ロレーナとの婚姻のために一五八九年に辞した。

(29)ジョヴァンニ・デ・メディチ(一五六七―一六二一年)はコジモ一世の庶子で、スペイン軍に加わってフランドル地方で従軍していたが、フランチェスコ一世の死後、トスカナに呼び戻され、軍事技術者として、その後にリヴォルノ港の整備に用いられた。彼は詩人、画家、建築家でもあり、フィレンツェのサン・ロレンツォ教会の主祭壇の設計にも参加した。一五八九年にはガリレオのピサ大学への就任を支援したが、ジョヴァンニがリヴォルノのドックを空にするために考案した浚渫機をガリレオが批判したため、彼らの関係は悪化した。これについては、ヴィヴィアーニが本文中でジョヴァンニの名前を挙げることなくほのめかしている。ガリレオがパドヴァからフィレンツェに帰還したあとの一六一一年に浮体についての論争が起こるが、ジョヴァンニはガリレオの敵対者に味方した。

(30)アリストテレスの『自然学』には「運動変化とは何であるかという問題をなおざりにしてはならない。それについて理解されなければ、必ずや自然についても理解されないことになる」と述べられている(『自然学』第三巻第一章、200b12-15.『アリストテレス全集』四、岩波書店、二〇一七年、一一六ページ)。

(31)アリストテレスの『自然学』によると、「同じ重さの物体がより速く場所移動を行うのは、二つの原因によってであるのを、われわれは目にしている。一つは、①たとえば水中を通過するのか土中を通過するのか、あるいは水中を通過するのか空気中を通過するのかというように、何の中を通過するのかの違いによってであり、もう一つは、②もし他の事柄が同じであれば、重さもしくは軽さの凌駕ということに由来する違いによるのである。……重さあるいは軽さの、より大きな優勢傾向(ロペー)を有するものは、他の事柄は同様であるとすれば、等しい距離をより速く移動し、その比率は、それらの持つ相互に対する優勢傾向の大きさのそれに対応している」(『自然学』第四巻第八章、215a24, 216a15.『アリストテレス全集』四、二〇五、二〇八ページ)。

(32) ガリレオは一五九〇年前後に執筆した『運動について』(*De motu*)のなかで、すでにアリストテレスの運動論に疑問を投げかけていた。その第八章の見出しは、「同じ媒質中を動く異なる可動体は、アリストテレスによってそれらに与えられたものとは異なる〔速さの〕比を保持することが証明される」となっている。ただし、ヴィヴィアーニが伝える「同じ速さで動く」という主張は見当たらない。後年の『新科学論議』のなかでは、サルヴィアティに「アリストテレスが、一方が他方よりも一〇倍重い二つの石を同時に、たとえば一〇〇ブラッチョ〔約六〇メートル〕の高さから離して、重いほうの石が地面に達したときに、他方が一〇ブラッチョしか落下していないのが見られるかどうか、これまで試してみたことがないのではと疑っているのです」(OG, vol. 8, p. 106)と語らせている。

(33) ヴィヴィアーニの伝えるこの逸話が、ガリレオはピサの斜塔の上から重いものと軽いものを同時に落とし、それらが同時に着地したことを観察し、アリストテレスの運動理論の間違いを指摘するとともに、落体の法則を発見したという有名な伝説の起源となっている。しかし、ガリレオが落体の法則を発見したと確認できるのは、彼がパドヴァ大学に移ってからの一六〇八年頃のことである。また、ヴィヴィアーニが伝えるように

「他の教師たちや哲学者たち、そしてすべての学生たちの立ち会いのもと」に実験をしたとすれば、何らかの記録が残されているはずであるが、そのようなものは見当たらない。ピサの斜塔の実験については、ヴィヴィアーニが唯一の出典になっている。ただし、ガリレオは『運動について』で「高い塔の頂上から」とか「塔から」という表現を繰り返していた。たとえば、「一方が他方より二倍速く動かされる条件を満たす二つの異なる可動体を入手し、それらを塔から落下させたとしても、速いほうの可動体が二倍速く地面に達することは決してないだろう」(OG, vol. 1, p. 273)と述べているが、これがピサの斜塔での出来事を語っているとは思えず、たとえ話であると考えるべきだろう。もっとも、『運動について』がガリレオのピサ時代の論考であるために、この記述をヴィヴィアーニがピサの斜塔と結びつけたということはありうる。実際にピサの斜塔の上から落体実験をした人物がいる。それはヴィヴィアーニの友人だったヴィンチェンツォ・レニエリ(一六〇六―一六四七年)で、一六四一年三月一三日にガリレオに次のような報告をしている。「実験は、一方は大砲の弾丸ほどの大きさで、他方はマスケット銃の弾の大きさの二つの鉛の球を使って行なわれました。同じ塔の高さからですと、大きいほうと小さいほうのあいだには一パルモ〔掌尺。約二五センチメートル〕たっぷりの違いがあり、大きいほうが小さいほうに先行したのが観測されました」(OG, vol. 18, p. 305)。このとき、ガリレオはすでに失明していたから、ヴィヴィアーニがその手紙を読み聞かせたであろう。この実験をヴィヴィアーニが、ガリレオの塔の上から落下させたという記述と結びつけたという可能性も捨てきれない。ただし、レニエリの実験では、空気の抵抗を考えれば当然のことであるが、重さの異なる二つの物体は同時に落下しなかったのである。

(34)『新科学論議』のなかで、サルヴィアティは「同一の可動体が水中よりも空気中で、空気の希薄さと水の希薄さとの比で大きい速さで動くのであれば、空気中で落下する可動体はすべて水中でも落下するということになります。しかし、空気中で落下する非常に多くの物体は水中で落下しないどころか、浮かび上がるのですから、これはとんでもなく間違っています」(OG, vol. 8, p. 110)と述べている。

(35)「高貴な人物」とはジョヴァンニ・デ・メディチのことである。注(29)参照。

(36) ヴィヴィアーニの綴りではジョゼッペ・モレティであるが、正しくはジュゼッペ・モレッティ。モレッティ(一五三一―一五八八年)はメッシナで生まれ、同地で医学と数学を学んだ。数学については、フランチェスコ・マウロリコの弟子であった。一五七〇年にマントヴァ公の息子のヴィンチェンツォ・ゴンザーガ(一五六二―一六一二年)の家庭教師となり、一五七七年にパドヴァ大学の数学教授に就任し、数学のほか、幾何学、天文学、光学を教えた。ガリレオも、彼の後任として同様の授業を行なったと思われる。モレッティの未出版の著作に『機械学についての対話』(*Dialogo intorno alla Meccani-*

ca)があり、そのなかに注目すべき記述がある。「一方は二〇リブラ〔ポンド〕で、他方は一リブラの、どちらも同じ鉛の二つの球を高い塔の頂上から落下させると、……両者は同時に着地し、何度試みてもそうなります。それどころか、鉛の球より大きい木の球や小さい球を同じ高さから鉛の球と同時に落としても、同じ瞬間に着地します」(*The Unfinished Mechanics of Giuseppe Moletti: An Edition and English Translation of His Dialogue on Mechanics*, ed. and trans. W. R. Laird, Toronto, 2000, pp. 146, 148)。ガリレオはモレッティと直接出会うことはなかったが、以前に彼は自分の立体の重心についての論考をモレッティに送っており、さらに、モレッティがヴェネツィア滞在中に親交を深めたヴェネツィア在住のジェノヴァ貴族で蔵書家として知られるジョヴァンニ・ヴィンチェンツィオ・ピネリは後年にガリレオとも交流するから、ガリレオがモレッティの未出版の著作を読んだ可能性がある。

(37) ガリレオのパドヴァ大学での初任給は年俸一八〇フィオリーノ(フロリン)で、ピサ大学での年俸六〇フィオリーノと比べれば昇給だった(OG, vol. 19, pp. 111–112)。ただし、フィレンツェのフィオリーノ金貨はヴェネツィアのそれの二倍半の価値があったから、大幅というわけではなかった(Antonio Favaro, *Galileo Galilei e lo studio di Padova*, Firenze, 1883, vol. 1, p. 62)。彼の最初の講義は一二月七日に行なわれた。

(38) ガリレオが発明した機械・器具のなかには、後述される幾何学的・軍事的コンパスと望遠鏡以外にも、馬を動力とした揚水機がある。これは一五九四年にヴェネツィア共和国政府から特許を認められた(OG, vol. 1, pp. 126–127)。

(39) マラン・メルセンヌ(一五八八—一六四八年)はイエズス会のラ・フレーシュ学院、ソルボンヌで学んだのち、ミニム修道会に入った。彼は当時の主要な科学者と文通し、さらに科学者間の手紙を仲介するとともに、彼らの著作を翻訳出版して、科学の発展を強力に促した。ガリレオの著作については、『機械学』を一六三四年に、『新科学論議』を一六三九年にフランス語に翻訳して出版した。

(40) ガリレオの考案した温度計は空気温度計と呼ばれており、上端を閉じた細いガラスの管に空気と水を入れ、水の入った容器に立てたもので、温度が上がれば上方の空気が膨張して水面が下降し、温度が下がれば上昇する。ガラス管に目盛りを付けておけば、温度変化を知ることができる(OG, vol. 11, p. 506)。ヴィヴィアーニの記述からは、ガリレオが温度計を発明したのは一五九〇年代ということになるが、その製作を確認できるのはガリレオが一六二六年四月二五日にチェーザレ・マルシリに宛てた手紙によってで、「そうした仕掛けを二〇年前にパドヴァで作った」と述べているから、一六〇六年頃ということになる(OG, vol. 13, p. 320)。一般にガリレオ温度計として知られているものは、密封したガラス容器のなかにエタノールと比重の異なる数個の球を閉じ込めたものであり、ガリレオの考案した温度計を後継者たちが改良した結果作られた。エタノールは温度が上昇するとともに膨張するから、比重の大きい球から順に沈んでいき、逆に温度が下がると比重の小さいものから浮き上がっていくので、温度を知ることができる。いずれも体温計に応用されたが、サントリオは一六一二年には空気温度計を体温計として用いていた(*OG*, vol. 11, p. 350)。注(18)参照。

(41) フェルディナンド二世(一六一〇—一六七〇年)は、父親のコジモ二世の跡を継いで一六二一年にトスカナ大公となった。ガリレオやヴィヴィアーニの庇護者であり、一六五七年に創設され、ガリレオの弟子と孫弟子たちが参加したアカデミア・デル・チメントを弟のレオポルドとともに後援した。

(42) 同種のコンパスはすでにあり、二本の定規をそれらの端でつなぎ合わせ、定規に刻まれたさまざまな目盛りで各種の測量、作図を行なうことができた。ガリレオの考案したものには、新たに大砲の装塡量決定問題を解く目盛り、任意の正多角形と等しい面積の他の正多角形の一辺を求める目盛りなどが付け加えられた。このコンパスの製法と使用法について、彼は一六〇六年に『幾何学的・軍事的コンパスの使用法』(*Le operazioni del compasso geometrico e militare*)を出版している(*OG*, vol. 2, pp. 345–361)。

(43) ガリレオは一四〇フィオリーノ昇給され、年俸三二〇フィオリーノとなった(*OG*, vol. 19, p. 113)。

(44) この新星は今日ではへびつかい座新星、あるいはケプラーの星と呼ばれており、一六〇四年一〇月九日に初めて観測された。この新星には視差が見いだせないため、月のはるか彼方になければならなかったから、月より上方ではいかなる変化も起きないとするアリストテレスの意見を疑問視させることになった。記録に残るかぎりでは、ガリレオがこの新星を初めて観測したのは一〇月二八日である。ヴィヴィアーニが書いているように、ガリレオはこの年の一一月末から一二月初旬に、この新星について大聴衆を前にして三回の講義を行なうが、その講義録は断片しか残っていない(OG, vol. 2, pp. 277–284)。このことで彼はアリストテレス主義者との論争に巻き込まれることになった。一六〇五年二月、ミラノのバルダッサーレ・カプラという名前の人物が『新星、驚嘆すべき星についての天文学的考察』(*Consideratione astronomica circa la noua, & portentosa Stella*)を出版して、ガリレオを攻撃してきた。数週間後、『チェッコ・ディ・ロンキッティの新星に関する対話』(*Dialogo de Cecco di Ronchitti da Bruzene in perpuosito de la Stella Nuova*)が出版された。この俗語で書かれた書物の著者はチェッコ・ディ・ロンキッティとなっていたが、実際には、ガリレオの構想に基づいて彼の友人のジロラモ・スピネッリが執筆していた。ロドヴィコ・デッレ・コロンベ(一五六五—一六一五年頃)も、このチェッコの『対話』の真の著者はガリレオであると見抜き、『論議』(*Discorso*, 1606)を出版してガリレオに反論した。それによると、この星は新星ではなく、以前からあったもので、水晶天球のレンズ効果で拡大されてたまたま見えただけだというのである。このように考えれば、アリストテレスの見解を擁護できた。ガリレオはさらにアリンベルト・マウリという偽名で『ロドヴィコ・デッレ・コロンベの論議のいくつかの箇所についての考察』(*Considerazioni sopra alcuni luoghi del Discorso di Lodovico delle Colombe*, 1606)を出版して、それに答えた。

(45) アリストテレスの見解によると、月より下の世界では地球を中心として土、水、空気、火の順で四つの元素が取り囲んでいた。

(46) チェーザレ・クレモニーニ(一五五〇―一六三一年)は一五九〇年にパドヴァ大学哲学教授となり、ガリレオの同僚で、友人だった。一二世紀イスラムの哲学者アヴェロエス(一一二六―一一九八年)に基づく断固たるアリストテレス主義者であり、当時キリスト教世界で受け入れられていた聖トマス・アクィナス(一二二五頃―一二七四年)の解釈に従う正統的アリストテレス主義と対立し、そのために一六一一年にヴェネツィアの異端審問所に告発された。彼のアリストテレス理解はパドヴァ大学の伝統でもあった。他方で、ガリレオの望遠鏡を覗くのを拒否したことでも知られているが、当時を代表する哲学者のひとりである。

(47) ガリレオが磁石の研究をしたのは、ウィリアム・ギルバートの『磁石論』(*De magnete*, 1600)に触発された一六〇〇年から一六〇九年にかけてである。『天文対話』第三日には、磁石についての議論が展開されている(*OG*, vol. 7, pp. 425-436)。

(48) ガリレオは一六〇五年から八年まで毎夏の休暇期間中にフィレンツェに戻り、トスカナ大公コジモ二世、その当時は大公フェルディナンド一世の長男の家庭教師を務めた。一六〇五年八月一五日、大公の執事長ジョヴァンニ・デル・マエストロは、プラトリーノのメディチ家の夏宮からガリレオに手紙を書いている。「大公妃は、皇子に充分な教育を受けさせるためだけでなく、あなたの健康の回復のためにも、ここに来られることを望んでおられます。プラトリーノの丘のすばらしい空気があなたを健康にするのではないかと考えておられます。快い部屋、よい食事、快適なベッド、心からのもてなしがあなたをお待ちしています」(*OG*, vol. 10, p. 146)。

(49) マティアス・ベルネッガー(一五八二—一六四〇年)は、ドイツのプロテスタントの言語学者で、ヨハネス・ケプラー(一五七一—一六三〇年)の文通相手として知られる天文学者でもある。『幾何学的・軍事的コンパスの使用法』のラテン語訳以外にも、一六三五年に『宇宙の体系』(*Systema cosmicum*)というタイトルで『天文対話』のラテン語訳を出版した。その序文には、宗教裁判で有罪となったガリレオに配慮して、ガリレオの許可なく出版したと記されている。

(50) ガリレオは任期をさらに六年延長され、年俸は五二〇フィオリーノとなった(*OG*, vol. 19, p. 114)。

(51) バルダッサーレ・カプラ(一五八〇—一六二六年)は父親で医師のアウレリオ・カプ

ラに連れられて、勉学のためにパドヴァに移住してきた。ガリレオがコンパスを作ったときに彼はわずか一七歳だったし、『比例コンパスの使用法と製法』(*Usus et fabrica circini cuiusdam proportionis*)の出版時には数学をジーモン・マイヤー(一五七三―一六二四年)から学び始めたばかりだったから、彼がコンパスを発明したという主張には根拠がない。おそらく、これは教師のマイヤーによって書かれたと思われる。

(52)『弁護』の正式のタイトルは『バルダッサーレ・カプラの中傷と欺瞞に対する弁護』(*Difesa di Galileo Glilei contro alle calunnie & imposture di Baldessar Capra*)である。

(53)この『一六〇四年の新星についての天文学的考察』は既述の『新星、驚嘆すべき星についての天文学的考察』のことで(注(44)参照)、これもカプラが書いたものではなく、ジーモン・マイヤーによって書かれたと思われる。ただし、彼らがガリレオより先に新星を観測したのは確かで、一六〇四年一〇月一〇日の夜にその存在に気づいていた。ガリレオはこの当時まで天文学に興味をもっていたとは思えないから、彼らと共通の友人だったジャコモ・アルヴィゼ・コルナーロから新星について伝え聞いたのかもしれない。

(54)カプラのドイツ人教師ジーモン・マイヤーは、一六〇四年から翌年までパドヴァ大学で学んでいたが、その後アンスバッハの辺境伯の宮廷数学者となった。一六一四年に『ベルギーの筒眼鏡によって一六〇九年に発見された木星の世界』(*Mundus Iovialis anno 1609. detectus ope perspicilli Belgici*)を出版し、ガリレオによる木星の衛星の発見に対して自らの先取権を主張することになる。さらに、それらを「ブランデンブルクの星」(sidera Brandenburgica)と名付けた。

(55) ナッサウのマウリッツ(一五六七―一六二五年)は、ネーデルラント北部諸州を支配するオランイェ公ウィレム一世の息子で、ネーデルランデン連邦共和国(オランダ共和国)の州総督で軍指揮官。一六一八年にオランイェ公となる前はマウリッツ伯として知られている。

(56) ガリレオが望遠鏡を知った経緯については、一六〇九年八月二九日にフィレンツェにいた義弟のベネデット・ランドゥッチに宛てた手紙で自ら語っている。「オランダでマウリッツ伯に筒眼鏡が献上されたといううわさが当地に拡がって二カ月ほどになります。それを使えば、非常に遠くのものがまるで手近にあるかのように見え、二マイル離れた人物がはっきり見えるというのです。わたしには、とても素晴らしいことだと思われ、それについて考えるきっかけを与えてくれたのです」(*OG*, vol. 10, p. 253)。誰が望遠鏡を発明したかについては諸説あるが、確かなことは、ハンス・リッペルハイ(一五七〇―一六一九年)という名前の眼鏡師が一六〇八年九月末に自分が発明した望遠鏡をもってハーグの街に現われ、特許を申請したということである。この申請は、同じものを誰でも容易に作ることができるという理由で、一二月に拒否されている(Albert Van Helden, *The Invention of the Telescope*, Philadelphia, 1977, p. 43)。

(57) ガリレオが最初に製作した望遠鏡は、対物レンズとして凸レンズ、接眼レンズとして凹レンズの二枚のレンズを用いた、今日ガリレオ式望遠鏡として知られているもので、倍率三倍だった。その六日後にヴェネツィアに持参したほうは九倍だった。いずれも、それらの製作期間、倍率から考えて、市販の眼鏡用レンズが使われたと思われる。

(58) レオナルド・ドナーティ(一五三六―一六一二年)、あるいはレオナルド・ドナはヴェネツィア共和国第九〇代統領で、一六〇六年一月から生涯その地位にあった。ヴェネツィア共和国における聖職者の逮捕への報復として教皇パウルス五世から一六〇六年に下されたヴェネツィアに対する聖務停止令に対抗して、ヴェネツィア共和国領内からのイエズス会士の追放で応じた。

(59) ガリレオの任期は終身となり、年俸も一〇〇〇フィオリーノとなった(OG, vol. 19, p. 116)。

(60) ガリレオが顕微鏡を製作したことを確認できるのは、彼が一六二四年九月二三日にフェデリコ・チェジに送った手紙によってである。「対象は基部にある回転盤の上に貼り付けられています。そうすれば、小さな部分を見ることができます。盛り上がっている対象を見るには、どの部分を見るかに応じてガラスに近づけたり遠ざけたりする必要がありますから、レンズと対象の距離は精確でなければなりません。だから、筒は架台あるいは誘導装置と呼びうるものの上で動くように作られています。……わたしは、とても感嘆しながら多くの微細な動物を観察しました。なかでも、ノミにはぞっとし、蚊と蛾はとても見事でした。ハエや他の小動物が逆さになりながら鏡に張り付いて歩いているのを見たのには非常に満足しました」(*OG*, vol. 13, p. 208)。だから、ヴィヴィアーニが顕微鏡の製作時期を一六〇九年前後としたのは、顕微鏡と読書用拡大レンズを同一視しているからである。読書用拡大レンズであれば、望遠鏡の対物レンズと同様に、より小さな曲率の両凸に磨く必要はあったが、作ることができた。拡大レンズについては、一六二〇年五月三日にフランチェスコ・マリア・デル・モンテ枢機卿が「近くにあるかのように見せるガラス」を作ってくれるようガリレオに依頼している(*OG*, vol. 13, p. 36)。

(61) このとき、ガリレオが天体観測に使ったのは約三〇倍の望遠鏡だった。『星界の報告』(*Sidereus Nuncius*)での記述によると、「事物は生まれながらの能力で見たときよりも約一〇〇〇倍の大きさに、そして、三〇倍以上も近くに見える。陸上にせよ海上にせよ、この器械の利点がどれほど多く、どれほど大きいか、列挙するのは不要だろう。わたしは、地上のことは無視して、天空の観測に専念した」(*OG*, vol. 3, parte 1, p. 61)。

(62) 『星界の報告』によると、月は「決して滑らかで磨かれた表面に覆われているのではなく、粗くて平坦ではない表面に覆われており、地球の表面と同じように、大きな隆起や深い窪み、さらに屈曲で至るところが満ちている」(*OG*, vol. 3, parte 1, pp. 59–60)。

(63) 同様に、天の川については「銀河、つまり天の川についての論争を終わらせたこと、その本質を知性だけでなく感覚的にも明らかにしたことは少なからず重要であると思われる。これまで天文学者たちによって星雲と呼ばれてきた星々の実体は、これまで考えられてきたものとはまったく異なることをはっきりと示すのは、心地よく、とても愉快である」(同所)。

(64) 恒星については次のように述べられている。「これまで生まれながらの能力によって見ることができた多くの恒星に、以前には決して見えなかった他の無数の星を付け加え、眼にはっきりと見えるようにすることは、確かに重大なことである。それらは、古くから知られていた星の一〇倍を超えているのである」(OG, vol. 3, parte 1, p. 59)。

(65) 『星界の報告』では、木星の衛星を発見したときの感動を次のように伝えている。「あらゆる驚嘆をはるかに凌ぎ、すべての天文学者と哲学者に注目させたいと、われわれをとりわけ駆り立てるのは、われわれ以前には誰にも知られていず、観測もされていなかった四つのさすらう星を発見したことである。それらは、太陽のまわりの金星や水星のように、知られている無数の星のなかのある傑出した星のまわりを各々の周期でまわり、あるときはこの星の先を進み、あるときは後を追うが、ある限界を越えてそれから離れることは決してない。これらすべては、神の恩寵に照らされて、わたしが作った筒眼鏡によって、数日前に発見され、観測されたのである」(OG, vol. 3, parte 1, p. 60)。

実際には、ガリレオは一六一〇年一月七日の夜に木星の衛星のうちの三つを発見し、一三日の夜になって三つではなく、四つであると気づいた。さらに、それらが動いていることがわかったのは一二日頃で、木星のまわりを回っていることがわかったのは一五日だった。

(66) ガリレオは、木星の衛星に「コジモ星(コスミーチ)」と「メディチ星(メディケア・シデラ)」のどちらの名称を与えるべきかについて、一六一〇年二月一三日の手紙でトスカナ大公国首相のベリザリオ・ヴィンタ(一五四二—一六一三年)に相談している。ヴィンタの二〇日の返信では「コスミーチというギリシア語由来の言葉はさまざまな意味に解釈ができ、メディチという輝かしい家名、そして、その国民とフィレンツェの街の栄誉に属するものとは誰も考えないでしょうから、必然的にメディチ星という呼称になるでしょう」(OG, vol. 10, pp. 284–285)と述べられていた。ガリレオはこの助言に従って、メディチ星という呼び名を採用したのである。

(67) ガリレオが望遠鏡で月の観測を始めたのは一六〇九年一一月三〇日で、『星界の報告』に収録されている最後の木星の衛星の観測は翌年の三月二日になされた。この本の執筆を開始したのは一月一六日で、トスカナ大公コジモ二世への献辞を書き上げたのは三月一二日である。印刷のほうは原稿のすべてを書き終える前にすでに始まっており、献辞の完成の翌日に終了した。印刷部数は五五〇部だった。

（68）『星界の報告』はドイツのフランクフルトで一六一〇年に再版されたが、フランスで出版されるのは、かなり遅れて一六五三年である。出版したのは、ガリレオの文通相手だった哲学者のピエール・ガッサンディ（一五九二―一六五五年）で、彼の『天文学教程』(*Institutio Astronomica*)の付録としてだった。

（69）ガリレオの発見を信用しようとしなかった者のなかに、ボローニャ大学数学教授のジョヴァンニ・アントニオ・マジニ（一五五五―一六一七年）、イエズス会によって設立されたローマ学院の数学教授のクリストファ・クラヴィウス（一五三八―一六一二年）がいた。

（70）マジニの弟子だったマルチン・ホルキ（一五九〇頃―一六五〇年頃）はガリレオの発見に反対して、『星界の報告に反対する小旅行』(*Brevissima peregrinatio contra Nuncium sidereum*, 1610)を出版した。

（71）パドヴァ大学哲学教授で、ガリレオの親友でもあったチェーザレ・クレモニーニのことを指していると思われる。ガリレオは何度も新発見を見せると誘ったが、クレモニーニは望遠鏡を覗くことを拒み続けた。真理は哲学の書物のなかにあって、自然のなかにではないというのが彼の信念だった。注(46)参照。

（72）ガリレオは一六一〇年七月二五日に土星の奇妙な形に気づいたが、彼の望遠鏡の分解能が低かったため、土星のまわりに輪があるとは見えず、土星の両側に小さな星が付いている、つまり三重になっているとしか見えなかった。彼はこの発見を七月三〇日の手紙でトスカナ大公国首相のヴィンタに報告している。「土星は単独の星ではなく、三つの星から構成されています。それらは互いに接して、相互に動くことも、変化することもありません。それらは獣帯に沿って一列に並んでおり、中央の星は両側の星の三倍ほどの大きさです」(OG, vol. 10, p. 410)。土星のまわりに輪があることを発見したのは、ガリレオのものより高性能の望遠鏡を用いたクリスチャン・ホイヘンス(一六二九―一六九五年)で、一六五五年のことだった。彼はこの発見を『土星の体系』(*Systema saturnium*, 1659)で公表した。

(73) ガリレオの文字を置き換えた暗号、つまりアナグラムは次のものである。

smaismrmilmepoetaleumibunenugttauiras

彼が知らせた者のなかに、ガリレオのかつての学生で友人だったベネデット・カステリ、チゴリ、ローマ学院のクリスチャン・グリンベルガー(一五六一―一六三六年)とクリストファ・クラヴィウス、ルドルフ二世(一五五二―一六一二年)宮廷の天文学者ヨハネス・ケプラーがいた。ガリレオがアナグラムにして発見の公表を急いだのは、後述されるように、この時期のガリレオはフィレンツェへの帰還の準備に追われていたため、さらに、観測を続けるには土星が再び地平線から高く昇る秋まで待たねばならなかったため、とりあえず先取権を確保しておきたかったのである。

(74)　ルドルフ二世は、一五七六年に神聖ローマ帝国皇帝となった。芸術と科学の庇護者であり、奇物蒐集趣味で知られていた。ケプラーだけでなく、彼の師であったティコ・ブラーエ(一五四六―一六〇一年)も宮廷天文学者としてルドルフ二世に仕えた。

(75)　アナグラムが解かれたのは、一一月一三日にプラハ駐在のトスカナ大使、ジュリアーノ・デ・メディチに宛てた手紙によってである(OG, vol. 10, p. 474)。当時は土星より遠方の惑星は知られていなかったから、もっとも高い惑星とは土星のことである。

(76)　ガリレオが太陽黒点を発見した正確な日時については不明のままである。ただし、彼が一六一二年五月四日に、インゴルシュタットの数学者クリストフ・シャイナー(一五七三―一六五〇年)に出した手紙には、一八カ月前に太陽黒点を観測したと述べられているから(OG, vol. 5, p. 95)、一六一〇年の一一月か一二月ということになる。ヴィヴィアーニは、ガリレオがパドヴァで太陽黒点を発見したかのような書き方をしているが、発見は彼がフィレンツェに帰還した九月以降である。

(77)　『国定版ガリレオ・ガリレイ全集』に収められたヴィヴィアーニの文章に付けられた編者のファヴァロの注には、太陽黒点の発見を伝えた相手として、聖母下僕会修道士にしてヴェネツィア共和国神学顧問、公会議を批判した『トレント公会議史』(*Historia del Concilio tridentino*, 1619)の著者として知られるパオロ・サルピ(一五五二―一六二三年)、サルピの後継者となったフルジェンツィオ・ミカンツィオ(一五七〇―一六五四年)、パドヴァ大学でのガリレオの学生、フィリッポ・コンタリーニ(一五七三—一六一〇年)などの名前が挙げられているが(OG, vol. 19, p. 611, note 6)、そのことを裏付ける資料は見当たらない。

(78) すでに、この年の春からガリレオはフィレンツェへの帰還を目指していた。彼は五月七日にトスカナ大公国首相のヴィンタに就職のための自薦状を書いている。「わたしは重大で驚くべきものをもっております。しかし、それらは君主にしか役立たないのです。もっとうまく言うなら、君主だけがそれらを使いこなせるのです。と申しますのも、それらによって戦いを行ない防御し、城を築いて維持し、それらが王の楽しみとなって、多くの出費をさせることになるとしても、わたしや高貴な個人のなしうることではないからです。……俸給に関しては、閣下がピサにおいてお示しくださったもので結構です。このような君主にお仕えするだけで名誉ですから、それ以上のことは望みません。……最後に、わたしがお仕えする肩書ですが、数学者という名称のほかに、哲学者という名称を殿下が加えてくださるようにお願い申し上げます。と申しますのも、わたしは純粋数学よりも哲学に多くの歳月をかけて研究してまいったからです。わたしがこの学問においてどのような成果をあげ、わたしがその肩書に値するかどうかは、殿下の御前で、この学問分野においてもっとも尊敬されている人びとと論じる機会をお与えくだされば、お示しするでありましょう」(OG, vol. 10, pp. 351-352)。この自薦が功を奏して、五月二二日にヴィンタから、大公は喜んでガリレオを雇用するという返事が届き、さらに六月五日に、ピサで教える義務も居住する義務もないピサ大学特別数学者と大公付き哲学者の肩書を与えると知らされた。最終的に、ヴィヴィアーニが述べているように、ガリレオの要望が受け入れられて大公付き数学者の肩書が加えられた。俸給は、年一〇〇〇フィレンツェ・スクードだった。トスカナ大公が、名目だけとはいえ、ガリレオを本人が希望もしていないピサ大学特別数学者としたのは、彼への俸給を宮廷費または国庫からではなく、ピサ大学の基金に充当されていた教会財産税から支払うためであろう（OG, vol. 19, pp. 233–264）。フィレンツェ帰還後のガリレオが、ピサ大学を訪れたという記録はない。この事実は、メディチ家がガリレオを直接的な被雇用者とすること、つまり宮廷での義務を伴う臣下とするのを避けたことを意味する。

（79）ガリレオは一六一〇年六月一五日にパドヴァ大学を辞職したが（OG, vol. 19, p. 125）、大公による正式任用は、ヴィヴィアーニが報告している七月一〇日である。彼はフィレンツェへの帰路でボローニャに立ち寄ってマジニと会い、九月にフィレンツェに到着した（OG, vol. 10, p. 439）。

（80）ガリレオが一六一〇年一二月三〇日にクラヴィウスとカステリに出した手紙から、彼は以前から金星を観測しており、それが満ち欠けすることに気づいていたことがわかる。クラヴィウスには、次のように述べている。「夕方の空に金星が見えるようになって観測を始めてすぐに、その形は小さいけれども、円形であることがわかりました。観測を続けていくと、それは円形を保ちながら、著しく大きくなっていきました。しかし、最大離角に近づくと、金星は太陽に向いた側から円形ではなくなり、数日で半円になりました。しばらくは、つまり太陽に向かって動き始めるまではその形のままで、ゆっくりと直線部分がなくなっていきました。今でははっきりとした角の形になり始め、夕方の空に見えなくなるまでやせていくでしょう」(OG, vol. 10, p. 500)。この時期、金星は一〇月まで夕方の空に見ることができなかったから、この記述から彼は一〇月に観測を開始したことが確かめられる。

(81) ガリレオは金星の満ち欠けの発見をアナグラムにして、一二月一一日にプラハ駐在のトスカナ大使のジュリアーノ・デ・メディチに伝えた(OG, vol. 10, p. 483)。ヴィヴィアーニの記述からは、ガリレオ自ら天文学者や数学者たちに発見をアナグラムにして伝えたかのような印象を受けるが、実際はトスカナ大使からプラハの神聖ローマ帝国宮廷に伝えられ、さらに外交ルートを通じて各国宮廷へ伝えられ、多くの宮廷付き天文学者、大学関係者の知るところとなったのである。

(82) このアナグラムの解答も、一六一一年の元日にジュリアーノ・デ・メディチに伝えられた。愛の母とは金星を指し、ダイアナとは月のことである。

(83) ガリレオは三月二三日にフィレンツェを出発し(OG, vol. 19, p. 200)、三月二九日にローマに着いた。翌日にローマ駐在のフィレンツェ大使ジョヴァンニ・ニッコリーニがガリレオの到着をコジモ二世に報告している(*OG*, vol. 11, p. 78)。このローマへの途上、ガリレオは各地で木星の衛星の観測を続けている(*OG*, vol. 3, parte 2, pp. 442-443)。

(84) ピエトロ・ディーニ(一五七〇頃—一六二五年)は枢機卿オッタヴィオ・バンディーニ(一五五八—一六二九年)の甥で、一六二一年にそのあとを継いでフェルモの大司教となった。オッタヴィオ・コルシーニ(一五八八—一六四一年)は一六二一年にタルススの大司教となり、さらに同年にフィレンツェ駐在の教皇使節となった。カヴァルカンティはガリレオが一六一三年に出版した『太陽黒点論』のなかに大修道院長カヴァルカンティとして出てくるから(*OG*, vol. 5, p. 82)、おそらくジュリオ・カヴァルカンティであろう。生没年を含めて彼の詳しい経歴はわかっていない。ジュリオ・ストロッツィ(一五八三—一六五二)はヴェネツィア生まれの詩人で、この当時、教皇庁書記長を務めていた。彼が一六二一年に出版した『ヴェネツィア建国』(*Venetia edificata*)はヴェネツィア共和国を讃えるとともにガリレオの科学理論を擁護していた。ジョヴァンニ・バティスタ・アグッキ(一五七〇—一六三二年)は教皇領首相秘書、のちに教皇秘書を務めたが、優れた芸術理論家であった。ガリレオの文通相手としても知られる。なお、クイリナーレ宮はローマ教皇の宮廷である。ガリレオのローマ滞在中の四月一九日、枢機卿ロベルト・ベラルミーノ(一五四二—一六二一年)はローマ学院の数学者たちに、ガリレオの発見は真実かどうかについて諮問した。その五日後に、彼ら全員がその発見は真実であると認める答申をしている(*OG*, vol. 11, pp. 87–88, 92–93)。そればかりか、ガリレオのローマ滞在中に、イエズス会士のオド・ファン・マールコテ(一五七二—一六一五年)は「ローマ学院の星界の報告」(Nuntius Sidereus Collegii Romani)という講演を行ない(*OG*, vol. 3, parte 1, pp. 291–298)、ガリレオの発見を礼賛している。

(85) アペレスの正体は、クリストフ・シャイナーである。彼は一五九五年にイエズス会士となり、一六〇一年にインゴルシュタットに派遣された。彼は同地の大学で数学と哲学を学び、一六一〇年から数学とヘブライ語を教えた。イエズス会士たちの著作のほとんどは教団の規則と指針によって縛られ、検閲もされたから、著者を匿名や偽名としたのは教団上層部の指示に従っていたと考えられる。彼らは教団員が論争に巻き込まれるのを嫌ったのである。なお、アペレスとは紀元前四世紀のギリシアの有名な画家であり、一世紀のプリニウスの『博物誌』が伝えるところによると、「彼〔アペレス〕のいまひとつの習慣は、作品を仕上げるとそれを画廊に掲げておいて、通行人たちが見られるようにし、彼自身は絵の後の、人々には見えないところに立って耳をそばだて、どういう欠点が彼らによって指摘されるのかを聞くことであった。一般人の方が彼自身よりもいっそう眼の利く批評家だと考えたのだ」(『プリニウスの博物誌』III、中野定雄他訳、雄山閣、一九八六年、第三五巻、一四二四—一四二五ページ)。この偽名は、アペレスと同じように、批判を受け入れる用意があるという謙虚さを示すために採用されたのだろう。しかし、その後のシャイナーに対するガリレオの態度からは、彼がこの偽名の真意を理解していたとは思えない。ラファエロとボッティチェッリはアペレスの姿を自分たちの絵のなかに描いている。

(86) 太陽黒点をめぐってアペレス、つまりシャイナーとの論争が始まるのはもう少しあとのことであるが、彼は一六一一年五月頃に太陽の黒点をはっきり見たと主張することになる(注(98)参照)。

(87) 『星界の報告』を出版した一六一〇年三月の時点では、ガリレオはまだ木星の衛星の公転周期を見いだしていなかった。それらの周期を決定するように、天文学者たちに呼びかけているからである(OG, vol. 3, parte 1, p. 80)。その後も観測を続けて、一六一二年五月に出版した『水上にあるもの、または水中を動くものについての論議』(*Discorso intorno alle cose, che stanno in sù l'acqua, ò che in quella si muovono*)の冒頭で、四つの衛星それぞれの周期を公表した(OG, vol. 4, pp. 63–64)。それらの数値は、今日知られているものに非常に近い。これに先立つ一六一一年六月二四日に、パドヴァ大学でのガリレオの学生だったダニエロ・アントニーニ(一五八八―一六一六年)は、ガリレオが木星の衛星の公転周期を決定したことに対して祝辞を述べているから、ガリレオからの手紙は現存しないものの、すでにこの頃に周期が求められていたと思われる(OG, vol. 11,

p. 129)。

(88) アカデミア・デイ・リンチェイはモンティチェッリ侯爵のフェデリコ・チェジによって一六〇三年に設立された学会で、フランチェスコ・ステルルティやジャンバティスタ・デラ・ポルタが参加していた。ガリレオは一六一一年に会員となるが、彼の著作のいくつかがこのアカデミアの後援のもとで出版されることになる。ガリレオがアカデミア会員に選出されたことを名誉と考えていたことは、その後の彼の著作のタイトルページに掲げられた肩書きに「アカデミア・デイ・リンチェイ会員」と書かれていたことから明らかである。

(89) ガリレオは六月四日にローマを出発し、一三日にフィレンツェに戻った(OG, vol. 11, pp. 121, 125)。

(90) コジモ二世は宮廷で科学者や知識人たちに議論を戦わせるのを楽しみとしていた。八月第一週の集会の出席者は、ガリレオと彼の友人のフィリッポ・サルヴィアティ、ヴィンチェンツィオ・ディ・グラッツィアを含む二人のピサ大学教授だった。グラッツィアが氷は凝縮した水であると述べたのをきっかけとして議論が始まった。これに対してガリレオは、氷は水に浮くから、希薄化された水だと答えたのである。グラッツィアが水に浮くかどうかはその形状に関係していると反論したことで、議論は水に浮かぶ物体と沈む物体についての話題へと転じた。その後、論戦は宮廷外で続けられたが、コジモ二世が大公付きの学者にふさわしい威厳のある形で意見を表明すべきだと助言したため、『水上にあるもの、または水中を動くものについての論議』が書かれることになったのである。

(91) 太陽黒点については、『水上にあるもの、または水中を動くものについての論議』のなかで、木星の衛星の公転周期について述べたあと、次のように述べている。「さらに、太陽面上にいくつかの暗い斑点が見えるのが観測された。それらの位置は変化しているので、太陽が回転しているのか、それとも金星や水星に似た太陽のまわりを回る他の星が、それらの離角が水星のそれよりも小さいために他のときには見えないのに、太陽とわれわれの眼のあいだに来たときにだけ見えるのか、あるいはどちらも正しいということなのか、重大な問題を提出している。これについて確かなことは、無視されるべきでも、なおざりにされるべきでもないということである」(OG, vol. 4, p. 64)。

(92) 第二版では、以下の文章が追加された。「観測を続けて最終的に確認されたのは、そのような斑点は太陽面に隣接した物質であり、あちらこちらで絶え間なく多数が生み出され、あるものは短時間で、あるものは長時間で消滅し、太陽自身の回転によって運ばれ、約一カ月で一周することである」。この第二版は初版の数カ月後に出版され、タイトルページには、第二版(seconda editione)と書き加えられただけで、出版年を含めて初版と変わるところはなく、正確な出版日はわからない。

(93)『水上にあるもの、または水中を動くものについての論議』に反対して、以下の書物が出版された。ジョルジョ・コレジオの『固体が浮かぶことについての小品』(*Operetta intorno al galleggiare de corpi solidi*, 1612)、ヴィンチェンツォ・ディ・グラツィアの『ガリレオ・ガリレイの論議についての考察』(*Considerazioni sopra'l Discorso di Galileo Galilei*, 1613)、ロドヴィコ・デッレ・コロンベの『ガリレオ・ガリレイの論議に弁明する論議』(*Discorso apologetico d'intorno al Discorso di Galileo Galilei*, 1613)である。

(94) ベネデット・カステリ(一五七八—一六四三年)は一五九五年にベネディクト会に入り、パドヴァでガリレオに師事したのち、一六一三年にピサ大学の数学教授となった。彼の専門は水力学で、教皇領の治水と排水事業のために一六二六年にローマ教皇ウルバヌス八世にローマに招かれた。彼はローマのラ・サピエンツァ大学で教えるとともに、教皇のふたりの甥の家庭教師となった。

(95) カステリは、ディ・グラツィアとコロンベの批判に対して、『ロドヴィコ・デッレ・コロンベ氏とヴィンチェンツィオ〔ママ〕・ディ・グラツィア氏の反論への回答』(*Risposta alle opposizioni del S. Lodovico delle Colombe, e del S. Vincenzio di Grazia*, 1615)で答えた。そのタイトルページに著者名はないが、カステリの名前でコジモ二世の秘書エネア・ピッコローミニへの献辞が書かれているから、著者は明らかである。

(96) フィリッポ・サルヴィアティ(一五八二—一六一四年)はフィレンツェの有力な貴族

の一員で、ガリレオがフィレンツェに帰還したのちに彼と数学、天文学の興味を共有した。ガリレオはサルヴィアティの別荘にしばしば滞在し、その著作のいくつかがそこで執筆された。サルヴィアティは宮廷内の席次問題で感情を傷つけられたためフィレンツェを離れ、バルセロナで客死した。のちに、ガリレオは『天文対話』の対話者として彼を登場させた。彼の別荘レ・セルヴェはフィレンツェの西二〇キロメートルほどのところのラストラ・ア・シーニャにある。

(97) マルクス・ヴェルザー(一五五八—一六一四年)はアウグスブルクに生まれ、パドヴァとパリで学んだ。実業家であり、銀行家でもあったが、一五八三年からアウグスブルク市の公職にも就いた。多くの科学者や知識人と文通したことで知られ、一六一二年にイタリアに旅行したときにアカデミア・デイ・リンチェイ会員に選出された。晩年に財政難に陥り、痛風に悩まされていたこともあって自殺した。

(98) ヴェルザーからガリレオに宛てられた一六一二年一月六日付の手紙には、『太陽黒点についての三書簡』(*Tres epistolae de maculis solaribus*, 1612)というタイトルの、「絵の背後に隠れたアペレス」という匿名の著者による小冊子が添えられており、ガリレオの意見を求めていた。その内容は、シャイナーからヴェルザーに宛てられた太陽黒点についての一六一一年一一月一二日、一二月一九日、二六日の三通の手紙の写しだった。ガリレオはレ・セルヴェに滞在していたため、三月末まで手紙を受け取ることができず、五月四日になってレ・セルヴェから返事を書いている。ヴェルザーからの二通目は六月一日付で、ガリレオは八月一四日にフィレンツェから返事を出した。彼の回答は、太陽黒点は太陽の表面上、もしくはそのすぐ近くにあることを数学的に証明していた。この間にシャイナーは、一月一六日と四月一四日に二通の手紙を、ガリレオの五月四日の手紙を読んだあとの七月二五日にもヴェルザーに手紙を書いている。シャイナーの意見は、太陽黒点は太陽のまわりを回る衛星――地球中心説では太陽もまた惑星である――の影であるというもので、木星の衛星はガリレオが発見した数よりも多いということが付け加えられていた。これらの手紙も、ヴェルザーによって『太陽黒点、および木星のまわりをさまよう星々についての入念な調査』(*De maculis solaribus et stellis circa Iouem errantibus, accuratior disquisitio*, 1612)として出版された。ここでも著者名は「絵の背後に隠れたアペレス」だったが、「望むなら、アイアスの盾の下のオデュッセウス」とホメロスの『イリアス』から採られた偽名が加えられた。トロイア戦争でアイアスに助けられたオデュッセウスの故事を引き合いに出した卑下の表明だと思われる(ホメロス『イリアス』上、松平千秋訳、岩波文庫、一九九二年、三五四ページ)。ヴェルザーはさらに九月二八日と一〇月五日にも二通の手紙を出し、ガリレオは一二月一日に三通目の返信をレ・セルヴェから出した。ガリレオのこれら三通の手紙が『太陽黒点とその諸属性に関する話と証明』(*Istoria e dimostrazioni intorno alle macchie solari e loro acciden-*

ti, 1613)となった。付け加えておかねばならないのは、シャイナーはその後も観測を続け、一六三〇年に実名で出版した『ローサ・ウルシーナ、すなわち太陽』(*Rosa Ursina sive Sol*)がその後長く太陽黒点についての代表的な研究書となり、彼の黒点観測方法が現代でも使われていることである。彼もまた凡庸な天文学者ではなかったのである。なお、タイトルの「ローサ・ウルシーナ」は、タイトルページに野バラに囲まれた熊が描かれているように、直訳すれば「熊のバラ」である。しかし、この本がブラッチャノ公パオロ・ジョルダーノ・オルシニ(Orsini)に献げられており、オルシニ家の家紋がバラであったことを考えると、太陽のごとき「オルシニ家のバラ」の意を含んでいる。聖職者とはいえ、彼も俗世間から遠く離れていたわけではなく、ガリレオと同じ世界に生きていたのである。

(99)ガリレオは木星の衛星を発見して以後、それらの位置と蝕を経度決定のために利用しようと考えた。特定地点での特定時刻の衛星それぞれの位置と蝕の発生時刻があらかじめ予報されていれば、地球上のどの地点においても衛星を観測することで特定地点の時刻がわかる。その特定地点の時刻と任意の地点の地方時との差から、両地点の経度差を計算することができるからである。

(100)一六一二年九月、ベリザリオ・ヴィンタがスペイン王室に派遣されていたトスカナ大使オルソ・デルチにガリレオの提案を伝えたことによって交渉が開始された(OG, vol. 11, p. 392)。しかし、このときの交渉は続かず、一六一六年六月になって再開され、一六二〇年一二月まで続いたが、このときもまとまることはなかった。船上での天体観測の困難が、ガリレオの提案の実用性を疑わせたのである。

(101) ここで、ヴィヴィアーニは双眼鏡をガリレオの発明であると主張しているように思われる。実際に双眼鏡を発明したのは地図製作者のオッタヴィオ・ピサーニで、彼は一六一三年九月一五日にその発明をガリレオに知らせている。「光学全般の書物を準備していますが、この筒眼鏡の構造、レンズの対称性、その長さはどれほどか、どのように組み立てるかについて、山ほど書くことがあります。とはいえ、片眼ではなく、両眼を使い、両方の眼を同方向に向ける筒眼鏡をまだ作っていません」(*OG*, vol. 11, p. 565)。ここでの「もうひとつの新発明品」とは、当時、ガリレオが船上での観測を容易にする工夫として考えていた、望遠鏡を眼の前に固定する一種のヘッドギア(celatone)だった可能性がある。

(102) 一六一八年一〇月に最初の彗星が現われ、一一月半ばにもうひとつの彗星が続いた。一一月二七日に三番目の彗星が現われたが、これは非常に明るく、翌年の一月末まで見ることができた。この三月に、著者名として「ローマ学院の一神父によって」とだけ書かれた『三つの彗星について』(*De tribus cometis*)が出版された。匿名だったとはいえ、その著者はローマ学院の数学教授オラツィオ・グラッシ(一五九〇頃―一六五四年)だったことがわかっている。彼の意見では、それら彗星の視差はほとんど見いだせないから、それらは月よりも上方にあった。この意見は、彗星は天体ですらなく、月より上の世界ではいかなる変化も起こり得ないと考えたアリストテレスの見解に反するものであり、ローマ学院のイエズス会士たちはもはやアリストテレスを信じていなかったのである。

(103) オーストリア大公レオポルト五世(一五八六―一六三二年)は神聖ローマ皇帝フェルディナント二世の弟で、一六二六年にトスカナ大公フェルディナンド一世の娘クラウディア・デ・メディチと結婚した。また、彼の妹マリア・マッダレーナは一六〇八年にコジモ二世と結婚した。

(104) マリオ・グィドゥッチ(一五八五―一六四六年)は、ローマ学院とピサ大学で学び、一六一〇年に法学博士の学位を得た。しかし、カステリに師事したために科学に転じ、一六一八年にガリレオの助手となった。同年、アカデミア・フィオレンティーナの顧問となり、一六二五年にアカデミア・デイ・リンチェイ会員となった。

(105) 『彗星についての論議』(*Discorso delle comete*)の著者名はグィドゥッチになっており、その一部は彼のアカデミア・フィオレンティーナ顧問就任講演の形で発表された。しかし、ガリレオの筆跡の草稿が残されている。その内容は、当時のガリレオは病床に伏せており、自ら彗星を観測できなかったこともあって、「彗星が元素天球で生じるにもかかわらず、すべての観測者に対して視差なしに見えるには、蒸気あるいはどのような物質であれ、空高く拡散して、彗星が見つかっている場所と同じところまで、あるいは、それよりも多少短い距離のところまで太陽の光を反射できるというので充分です。……彗星がこのようにして作られたと積極的に述べているのではなく、これと同じように、他の著者たちによって用いられた他の方法にも疑わしいところがあると言っているのです」(*OG*, vol. 6, pp. 72-73)と、彗星について明確な態度をとるのを慎重に避けていた。それでもこの文章は、グラッシがそう理解したように、ガリレオはアリストテレスと同じように、彗星を月より下の気象現象と考えているのではないかと疑わせることになった。

(106) 一六一九年初めに、『一六一八年の三彗星についてローマ学院で公表された天文学的議論』(*De tribus cometis anni M. DC. XVIII. disputatio astronomica publice habita in Collegio Romano*)が匿名の著者によってローマで出版された。匿名ではあったが、内容はオラツィオ・グラッシがローマ学院で行なった講義録である。彼によると、この彗星は望遠鏡によって惑星ほどには拡大されないから、惑星のさらに向こうにあるというのだった。彼の意見は望遠鏡の機能についての誤解を含んでいたが、それなりに説得力があった。

(107) ヴィヴィアーニの評価とは逆に、他の人びとは『彗星についての論議』のほうがローマ学院の数学者たちを激しく攻撃していると感じていた。ローマにいたガリレオの賛美者ジョヴァンニ・チアンポリ(一五八九／九〇―一六四三年)はこの本を読んで、一六一九年七月一九日にガリレオに次のような感想を書き送っている。「イエズス会士たちはそれを大いなる侮辱だとみなし、回答を準備しています。このことについては、わたしはあなたの結論が強固であることは知っていますし、認めてもいますが、彼らがあなたの名声に寄せていた好意と称賛が著しく減ったのは残念です」(*OG*, vol. 12, p. 466)。ガリレオの名声は、ローマ学院のイエズス会士たちが彼の天文学上の発見を認めてくれたことによって支えられていたのである(注(84)参照)。

(108) ロタリオ・サルシ・シジェンサーノ(Lotario Sarsi Sigensano)は、オラティオ・グラッシ・サロネンシ(Oratio Grassi Salonensi)のアナグラムになっている。なお、オラッィオ・グラッシ(Orazio Grassi)はサヴォナ出身者(Savonesi)。

(109) 『天文学的・哲学的天秤』(*Libra astronomica ac philosophica qua Galilaei Galilaei Opiniones de Cometis a Mario Guiducio*, 1619)は、ギリシア神話の女神テミスの正邪を見分ける天秤と同じように、ガリレオの彗星についての見解を評価しようとしている。

(110) 『偽金鑑識官』(*Il saggiatore*, 1623)というタイトルは、黄金の純度を調べることができる、サルシよりももっと精密な天秤をもっていると主張しているのである。この本は、グラッシの『天文学的・哲学的天秤』の文章を引用しつつ、それに反論しており、辛辣なグラッシ批判となっていた。

(111) ヴィルジニオ・チェザリーニ(一五九五―一六二四年)は、グレゴリウス一五世の教皇私室長官だったが、ウルバヌス八世が教皇の座に就くと官房長官となった。一六一八年にアカデミア・デイ・リンチェイ会員となった。ガリレオに『天文学的・哲学的天秤』に対する回答を書くように勧めたのは彼であり、ガリレオは『偽金鑑識官』の前文で、これは「ヴィルジニオ・チェザリーニ閣下に宛てた手紙形式で書かれた」と述べている。

(112) ウルバヌス八世となる前は、マッフェオ・バルベリーニ(一五六八―一六四四年)である。フィレンツェで生まれ、同地でイエズス会士から教育を受け、その後、ローマ学院で哲学を、ピサ大学で法学を学んだ。パウルス五世の時代にフランス駐在の教皇使節となり、一六二三年に教皇に選出された。一六一一年のトスカナ宮廷での浮体についての論争では、彼はガリレオに味方した(注(90)参照)。

(113) 一般に『天文対話』と呼ばれているので、ほかのところではこちらの書名を用いたが、正しくは『プトレマイオスとコペルニクスの二大世界体系についての対話』(*Dialogo sopra i due massimi sistemi del mondo tolemaico, e copernicano*)である。

(114) ガリレオが地球の運動を仮定することで海の干満を説明できると思いついたのは、彼が天文学に興味をもつ以前である。本土からヴェネツィアへと水を運ぶ船の話が『天文対話』の第四日に出てくる。船が減速すれば、容器の水は前方で盛り上がり、逆に加速すれば、後方で盛り上がる。地球が公転と自転をしていると考えれば、地表の速さは二つの運動方向が一致している側では大きく、その反対側では小さくなる(*OG*, vol. 7, pp. 450-451)。このように考えれば、潮汐が説明できるというのである。

(115) アレッサンドロ・オルシニ(一五九三―一六二六年)はトスカナ大公フェルディナンド一世の甥で、一六一五年に枢機卿となった。一六一五年に自分が異端の疑いで検邪聖省に訴えられていると知ったガリレオは、この年の一二月三日にフィレンツェからローマに出発し、翌年の一月に「海の干満についての論議」(*Discorso del flusso e reflusso del mare*)をローマで執筆し(*OG*, vol. 5, pp. 377-395)、枢機卿になったばかりのオルシニに献じた。この論考の大部分は、対話形式に書き改められて『天文対話』第四日のなかに取り入れられた。

(116) ここには第三の登場人物で、アリストテレスとプトレマイオスの代弁者であるシンプリチョが欠けている。一六三三年の宗教裁判で、ガリレオは、一六一六年に禁書目録聖省がコペルニクスの『天球の回転について』を禁書と決定したあとでは「プトレマイオスの意見、つまり地球は静止しており、太陽は動いているという意見がもっとも真であり、疑いえないと考えましたし、今もそう考えています」と供述することになるが(*DV*, p. 101)、シンプリチョについては、一六三二年八月五日にドミニコ会士のトマソ・カンパネッラがガリレオに次のような感想を述べている。「全員が自分の役割を見事に演じています。シンプリチョはこの哲学的喜劇でもてあそばれているように見え、同時に、その話し方、気まぐれ、頑固さ、それらに関連したどんなことによっても自分の学派の愚かさを示しています」(*OG*, vol. 14, p. 366)。

(117) 一六一六年のいわゆる第一次裁判で、その二月二六日にガリレオは枢機卿ベラルミーノから、コペルニクスの地動説は「誤っており、それを放棄すべきである」(*DV*, p. 45)と訓告されていた。一六二〇年に公布された禁書目録でも、「ニコラウス・コペルニクスの『天球の回転について』は全面的に禁じられるべきである。地球の位置と運動についての原理を仮説として扱わず、完全な真実であるかのように提示しているからである」と明確に述べられていた。

(118) 一六三三年六月二二日にガリレオに対する宗教裁判が終了したあと、彼の身柄はトリニタ・デイ・モンティ通りのローマにおけるメディチ家別邸に移されている。ただし、ここことは別にローマ中心部のフィレンツェ広場に面してフィレンツェ大使邸(Palazzo Firenze)があり、ここにローマ駐在大使のフランチェスコ・ニッコリーニは住んでいた。裁判中のガリレオも、検邪聖省内に留め置かれないかぎり、ここに滞在した。

(119) ヴィヴィアーニの簡潔な表現とは異なり、ガリレオに対する宗教裁判は一六三三年四月一二日に第一回、四月三〇日に第二回、五月一〇日に第三回、六月二一日に第四回の審問があって、六月二二日に判決が下され、同日に彼の異端聖絶がなされたのである。

ガリレオがローマに到着してから、裁判の終了まで四カ月以上も要した。この間、第一回審問の前日から第二回審問の終了まで、彼は検邪聖省内に勾留された。

(120) 判決文では、「汝のこの重大で有害なあやまちと違反が、まったく処罰されないままにならないよう、また汝が将来においてより慎重となり、他が同様の罪を犯さぬための例とするため、汝の『ガリレオ・ガリレイの対話』を公の布告によって禁止することを命じる」(*DV*. p. 164)と宣言されていた。『天文対話』が禁書目録に掲載されたのは一六六四年である。

(121) 一六三三年七月二日、ガリレオはローマを離れてシエナに行くことを許された。彼は七月六日にローマを発ち、三日後にシエナに到着した。シエナの大司教アスカニオ・ピッコローミニ(一五九〇―一六七一年)はカステリの弟子であったボナヴェントゥラ・カヴァリエリ(一五九八―一六四七年)から数学を学んだあと、ウルバヌス八世に仕え、一六二八年にシエナの大司教となり、その死までこの地位にあった。

(122) シエナでの五カ月間にかわされた手紙から、ガリレオはシエナで『新科学論議』第二日の執筆を開始し、第一日についてもその一部を対話形式にまとめていたことがわかる。

(123) アルチェトリはフィレンツェの南二キロメートルほどのところにある丘の上の集落である。ガリレオは、一六三一年の秋からここに住んだ。

(124) マティアス・ベルネッガーのラテン語訳はシュトラスブルクで一六三五年に出版され、その後、一六四一年にリヨンで、一七〇〇年にライデンで再版された。トーマス・サルスベリーの英訳は一六六一年にロンドンで出版された。なお、ヴィヴィアーニの存命中にフランス語訳とドイツ語訳は出版されていない。

(125) エリア・ディオダティ(一五七六―一六六一年)はパリ高等法院の弁護士で、終生その職にあった。ガリレオと知り合ったのは、彼が一六二〇年頃にイタリア旅行をしたときのことで、ガリレオの研究をヨーロッパ中に広めることに貢献した。ガリレオは一六三六年に彼のことを「最愛にして真の友人」と呼んでいる(*OG*, vol. 16, p. 472)。

(126) クリスティーナ・ディ・ロレーナ(一五六五―一六三七年)は、ロレーヌ公シャルル三世の娘で、一五八九年にトスカナ公フェルディナンド一世と結婚した。ガリレオが彼女に手紙を送ることになったきっかけは、一六一三年までさかのぼる。この年の一二月、カステリが招かれたピサの冬季用トスカナ宮廷での朝食会で、ガリレオの天文学上の発見が話題になった。カステリがそれについて説明したところ、発見そのものについては誰からも異論は出なかった。ただし、地球の運動についてカステリはクリスティーナを納得させることができなかった。その話を聞いたガリレオは一二月二一日にカステリに宛てて長文の手紙を書き、地球の運動は聖書の記述と矛盾するものではないと、自分の考えを伝えた。このカステリ宛の手紙が知られると、かえって地動説とガリレオに対する攻撃が激しくなり、ガリレオはクリスティーナに直接手紙を書くことになったのである。そこには、「われわれに感覚と言葉と知性を与えてくださった神ご自身が、それらを用いることを控えさせ、それらによって獲得しうる知識を別の手段によってわれわれに与えようとしたとか、感覚的経験あるいは必然的証明がわれわれの眼と知性の前に提示してくれる自然学上の結論が聖書のなかにほんのわずかな断片しか記されていない場合、その結論が聖書の記述と違っているから感覚と理性のほうを否定すべきだと信じることはできません。……聖霊の意図は、どのようにして人は天に行くのかを教えることであって、どのように天が運行しているのかを教えることではありません」(OG, vol. 5, pp. 317-319)と述べられていた。

(127) 実際には、ガリレオは一六二四年七月一六日にベルネッガーに手紙を書いて感謝し(OG, vol. 16, pp. 111-112)、一六三六年には彼に望遠鏡のためのレンズを贈っている(ibid., p. 474)。

(128) 木星の衛星を経度決定のために使うというガリレオの提案は、パリにいたディオダティを介して、一六三六年八月にオランダ政府になされた。すでにガリレオは、アルフォンソ・アントニーニから来た一六二七年一〇月二五日の手紙で、オランダ政府が経度決定の方法を見いだした者に賞金を出すことを知っていた(OG, vol. 13, p. 377)。しかし、この当時には、ガリレオはスペインとの交渉に望みをかけていた。オランダとの交渉は、一六三九年にオランダの天文学者マルティヌス・ホルテンシウスが死亡したために中断し、一六四〇年にガリレオの健康状態が悪化したために終了した。

(129) むしろ、プロテスタントの国から報酬を得たと知られるほうが、ガリレオにとってダメージが大きかったように思われる。これまでも彼の奉仕に対して贈り物がなされるというのはよくあったのである。一六〇四年、ガリレオはマントヴァのゴンザーガ家から金のメダルと鎖、そして二枚の銀の皿を贈られている。帰国後に、彼はそれらの重さを慎重に計量して、金のメダルと鎖については九〇〇リラと記帳している(OG, vol. 19, p. 155)。それらは身を飾るものではなく、換金されることを前提としていたのである。それらは当時の一般的な贈り物で、標準的な貨幣価値に応じて大きさの異なる何種類かが用意され、贈られる側にふさわしい重さのものが選ばれた。

(130) 委員は次の四名である。一六一六年から一九年までオランダ東インド領の総督を務め、一六二五年から二七年までオランダ海軍提督だったラウレンス・レアエル(一五八三―一六三七年)、数学者で天文学者の、ラテン語名がマルティヌス・ホルテンシウスのマールテン・ファン・デン・ホーフェ(一六〇五―一六三九年)、ティコ・ブラーエの弟子で、地球儀と地図の製作者ヴィレム・ヤンソン・ブラウ(一五七一―一六三八年)、シモン・ステヴィンの弟子で、ガリレオの業績をヨーロッパ中に紹介した科学者のイザーク・ベークマン(一五八八―一六三七年)である。

(131) 一六三七年一一月七日、ガリレオは月の秤動についてフルジェンツィオ・ミカンツィオに報告している。「わたしは月の表面にとても驚くべき発見をしました。無数の人びとが数え切れないほどそれを見てきたはずですが、これまで何らかの変化が観測されたとは思われず、われわれの眼にはいつも同じ面が見えていました。これが本当ではないとわかったのです。それは、全部で三つの考えられうる変動によって様相を変えています。われわれのほうに堂々と顔を向けている人物が可能なかぎりの方法で、あるときは少し右を向いたり、あるときは左を向いたり、あるいは上を向いたり、下を向いたり、最後には右肩のほうに傾けたり、左肩のほうに傾けたりして変えるのと同じ変化をわれわれに示しています」(OG, vol. 17, pp. 214-215)。

(132) 一六三七年六月六日にガリレオはエリア・ディオダティに宛てて次のような手紙を書いている。「右眼の充血にとても悩まされており、一語も読むことも書くこともできず、眼を使う仕事はまったくできません。全盲になったも同然です」(OG, vol. 17, p. 94)。

(133) ヴィンチェンツォ・レニエリはオリヴェート会に入り、同会によって一六二三年にローマに派遣されたのち、一六三三年に宗教裁判後のガリレオとシエナで出会った。木星の衛星の運行表の改良をガリレオに依頼された彼は、その後、しばしばアルチェトリを訪れた。ガリレオは死に臨んで、観測データと計算のすべてを彼に託し、そのさらなる改善と出版を彼に委ねた。ガリレオから託された文書については、本書収録の「振子の時計への応用に関するメディチ家のレオポルド殿下への手紙」注(6)を参照。

(134) ホルテンシウスの死は一六三九年八月七日で、他の三名については、ベークマンが一六三七年五月一九日、レアエルが一六三七年一〇月二一日、ブラウが一六三八年一〇月二一日に死亡している。

(135) コンスタンティン・ホイヘンス(一五九六―一六八七年)は、詩人、作曲家で、一六二五年から一六四七年までオランイェ公フレデリック・ヘンドリック、その死後はウィレム二世の秘書を務めた。彼はオランダを代表する科学者クリスチャン・ホイヘンスの父である。ウィレム・ボレール(一五九一―一六六八年)は、オランダの法律家で、外交官である。一六一八年にイギリス国王ジェームズ一世からナイトの称号を与えられている。彼は一六五五年に望遠鏡の真の発明者は誰かという論争に巻き込まれ、それはリッペルハイではなく、サハリアス・ヤンセンであるという判定を下した。

(136) 木星の衛星を経度測定のために使うという試みは、結局は実現しなかった。ガリレオも、出発地点からの経過時間を正確に示す機械時計を用いる方法を考えている。これについては、本書収録の「振子の時計への応用に関するメディチ家のレオポルド殿下への手紙」に述べられている。揺れ動く船上でも精確に時を刻み続け、参考地、たとえば出発地の時刻を示す時計、クロノメーターを製作したのは、イギリスのジョン・ハリソンで、一七三五年のことだった。

（137）フランソワ・ド・ノアイユ（一五八四―一六四五年）は、パドヴァ時代のガリレオの私的授業の学生で、その後フランスで軍務に就いた。一六三四年にローマ駐在のフランス大使となり、成功しなかったものの、トスカナ大使のニッコリーニとともにガリレオの免罪を得るために奔走した。帰国途上のポッジボンシで、一六三六年一〇月二五日頃にガリレオと会ったが、これはガリレオがアルチェトリとフィレンツェを遠く離れることを許されたとわかっている唯一の機会だった。しかし、彼が『新科学論議』の原稿を託されてフランスに持ち帰ったかどうかは、非常に疑わしい。すでにこの年の七月と八月にヴェネツィアのフルジェンツィオ・ミカンツィオを介して、同地に滞在していたオランダの出版業者ルイ・エルゼヴィルに原稿の一部が渡っていたからである（*OG*, vol. 14, pp. 445, 475）。また、この時点で『新科学論議』はまだ完成していなかった。新教国のオランダで出版されたのは、自分の意思ではないと装いたかったのである。

（138）『新科学論議』は従来『新科学対話』と訳されてきたが、原題は『機械と位置運動に関する二つの新科学についての論議と数学的証明』（*Discorsi e dimostrazioni matematiche intorno a due nuove scienze attenenti alla meccanica e i movimenti locali*）で、「論議（Discorso）」であって、「対話（Dialogo）」ではない。その理由は、『天文対話』の対話者が互いの意見を戦わせるのに対して、『新科学論議』ではサルヴィアティがガリレオの理論を披露し、他の対話者がそれを聴く側にまわっているからだろう。『天文対話』

での頑迷なアリストテレス主義者で、ガリレオを代弁するサルヴィアティに異を唱えるシンプリチョは、『新科学論議』では理性的な受講者に変身していたのである。注(140)参照。

(139) この友人のひとりが、『天文対話』と『新科学論議』のどちらにも対話者として登場するジョヴァンフランチェスコ・サグレド(一五七一—一六二〇年)である。彼は、一五九〇年代にガリレオから個人的に教えを受けた。ヴェネツィアの有力な一族の成員で、パドヴァ大学におけるガリレオの昇給に努力している。一六〇八年から一六一一年までヴェネツィア共和国領事としてシリアのアレッポに滞在した。ヴェネツィアへの帰国後に、ガリレオとの文通を再開し、これは彼の生涯続いた。彼は磁気、光学、機械学、温度測定装置の研究をしていたことがわかっている。

(140) 『新科学論議』には一六三八年三月六日の日付のノアイユ伯への献辞があるが、実際に発売されたのは六月頃で、ガリレオがそれを受け取ったのは翌年の六月だった。しかし、ガリレオはエルゼヴィルがその著書に付けたタイトルにすでに知っていたようで、一六三八年八月にパリのディオダティに出した手紙で、「エルゼヴィル氏がわたしの著書のタイトルを、当然そうあるべき気品のあるものから、低俗とは言わないにしても、とても通俗的なものへと勝手に変えたのには驚き、困惑しています」(OG, vol. 17, p. 370)と不満を述べている。これは、原稿の仲介をしていたディオダティがガリレオから送られたタイトルページをエルゼヴィルに送りそこなったことが原因だと思われる。この結果、エルゼヴィルがタイトルを立案することになったのであるが、タイトルの表記にガリレオの意向がどの程度反映されていたかはわからない。

(141) ヴィヴィアーニがアルチェトリを最初に訪問したのは一六三九年一月二五日で、彼は一六歳だった。

(142) 一六三九年一二月三日、ガリレオはカステリに次のような報告をしている。「この数カ月、わたしの客であり弟子でもあるこの若者〔ヴィヴィアーニ〕は、たいそう熱心に学んでおり、わたしが加速運動についての論考で仮定した原理に反論してきました。そのことで、その原理は容認でき真であるということを彼に納得させるために、わたしはそれについて熟考せざるを得なくなりました。最終的に、ふたりで大喜びしたのですが、わたしが間違っていなければ、決定的証明に到達しました」(OG, vol. 18, p. 126)。ヴィヴィアーニが疑問をもった原理とは、『新科学論議』第三日の「自然加速運動」についてサルヴィアティが述べている仮定のことで、「同じ可動体が傾きの異なる斜面上で獲得する速さの度合いは、それら斜面の高さが等しいときには等しいと認める」(OG, vol. 8, p. 205)である。このときのガリレオの考察(OG, vol. 18, pp. 442-445)は、ヴィヴィアーニが一六五五年から翌年にかけて出版したガリレオ著作集のなかの『新科学論議』に収録された。

(143) 注(39)参照。

(144) ユークリッド『原論』第五巻定義五は、「第一の量と第三の量の同数倍が第二の量と第四の量の同数倍に対して、何倍されようと、同順に取られたとき、それぞれ共に大きいか、共に等しいか、または共に小さいとき、第一の量は第二の量に対して第三の量が第四の量に対すると同じ比にあるといわれる」。定義七は、「同数倍された量のうち、第一の量の倍数が第二の量の倍数より大きいが、第三の量の倍数が第四の量の倍数より大きくないとき、第一の量は第二の量に対して第三の量が第四の量に対するより大きい比をもつといわれる」(『ユークリッド原論』中村幸四郎ほか訳・解説、共立出版、一九七一年、九三ページ)。

(145) エヴァンジェリスタ・トリチェリ(一六〇八—一六四七年)は、イエズス会学校で学んだのち、ローマでカステリについて学んだ。一六四一年からアルチェトリでガリレオと同居し、ガリレオの死後は彼の後任としてトスカナ大公付き数学者兼哲学者となった。彼を有名にしたのは「トリチェリの真空」で知られる大気圧の研究と気圧計の発明である。

(146) フォルトゥニオ・リチェティ(一五七七—一六五七年)は一六〇〇年にジェノヴァ大学で哲学と医学の学位を得たのち、ピサ大学を経て、一六〇九年にパドヴァ大学教授に、一六三七年からはボローニャ大学教授になった。このピサ時代にガリレオと親しくなり、その後も文通を続けた。

(147) リチェティは、一六〇二年にボローニャ近郊のモンテ・パデルノで発見されたボノーニア(ボローニャの古名)石を熱心に研究した。この石は日光のもとに置いておくと、その後何時間も蛍光を発するのである。これとの類推で、彼は月の二次光、つまり新月の前後でも全体がわずかに輝いて見える現象を、太陽の光を吸収した月がそれを放出する現象だと解した。これが『ボノーニア石について』(*De lapide Bononiensi*, 1640)の内容である。これに対してガリレオは、すでに『星界の報告』のなかで、月の二次光は地球によって反射された太陽光であると論じていた。ガリレオはレオポルド・デ・メディチの現代の暦での一六四〇年三月一一日の求めに応じて三月三一日に彼に自分の見解を伝え(*OG*, vol. 8, pp. 489–545)、リチェティにもその写しを送った。これが、ガリレオの最後の科学研究となった。リチェティは、このガリレオの手紙を自分の『合の前後および月蝕時に観測される月のかすかな光について』(*De lunae subobscura luce Prope Coniunctiones, & in Eclipsibus obseruata*)のなかに収録した。

(148) 既刊の『新科学論議』第四日の最後で、対話者のひとりであるサルヴィアティに「今日はたっぷり、ここまで考え続けてきました。もう遅いですし、出された問題を解決するには時間が足らないようです。この集まりをもっと都合のよい別の機会まで延ばすことにしましょう」(*OG*, vol. 8, p. 312)と語らせているから、さらに何日かが追加されることは予想されていた。この時点でガリレオが考えていたのは、第五日で衝撃力について論じることだった(「最晩年のガリレオについての報告」注(25)参照)。出版からしばらくあとのガリレオの構想では二日間を追加し、第五日でユークリッドの比の定義について、第六日で衝撃力について扱おうとした(*OG*, vol. 8, pp. 349-362)。

(149) アリストテレスの誤謬については、カステリの弟子で、一六四〇年にガリレオと会っていたジョヴァンニ・アルフォンソ・ボレリ(一六〇八―一六七九年)の『動物運動論』(*De motu animalium*, 1680-1681)で詳細に論じられた。

(150) 衝撃力の研究については、トリチェリとボレリに引き継がれた。トリチェリの『学術講義』(*Lezioni accademiche*, 1715)とボレリの『衝撃力について』(*De vi percussionis*, 1667)がそれである。

(151) つまり、一六四二年一月八日、当時の時刻制度では日没から時刻を数え始めたから、一月のフィレンツェの日没時間を考慮すると現代の午後九時頃のことであった。

(152) すでにフルジェンツィオ・ミカンツィオは、純金がガリレオの頭脳のなかにあるというたとえ話をしていた。彼は一六三四年一一月一一日にガリレオに宛てて次のように述べている。「あなたの才能は金細工師の工房のようです。そこには鉄の格子があって、そのために粉塵にも金が混ざっているので、失うわけにはいかないのです。わたしは他にこのような人物を見たことがありません」(*OG*, vol. 16, p. 155)。

(153) ガリレオの亡骸は、サンタ・クローチェ教会の袖廊に続く建物の二階奥、見習い修道士のための礼拝堂と言われることもあるが、正式にはメディチ家礼拝堂内の、それに付属する数メートル四方の小さな聖具室に葬られた。ガリレオは異端の強い疑いのゆえに自宅に軟禁されていたということを思い起こすべきだというローマ教皇庁の意向が伝えられたため、公的な行事は行なわれなかった。トスカナ大公フェルディナンド二世は聖堂内に彼にふさわしい霊廟を建てさせようと考えていたから、ここは仮埋葬の場所だったが、その後一世紀近く亡骸はここにあった。一六七四年になって、ガリレオの胸像と墓碑銘が聖具室の壁に取り付けられた。のちに霊廟が建設され、彼の亡骸はそちらに移されるが、今でも胸像と墓碑銘はその壁に残されている。

(154) サンタ・クローチェに霊廟を建設するというトスカナ大公の計画は立ち消えになってしまい、その計画はヴィヴィアーニに引き継がれることになった。彼の構想は霊廟の建設だけでなく、ガリレオの伝記を書き、彼の著作集を出版することだった。伝記については完成していなかったとはいえ本書がそれであり、著作集については二巻本として出版することができた――ただし、『天文対話』を収録することは許されなかった――が、生涯にわたって努力したにもかかわらず、最初のものだけは実現できなかった。ヴィヴィアーニが一六八九年一二月七日に作成した遺言状で、ガリレオの霊廟を建設する費用が相続人に遺贈された(Giorgio Abetti, *Amici e nemici di Galileo*, Bompiani, 1945,

p. 331)。それには、ミケランジェロの霊廟の向かい側に、ガリレオの発見と偉業を褒め称える碑文で装飾するという条件が付いていた。ようやく一七三七年三月一二日に、すでにヴィヴィアーニは死亡していたが、ガリレオの亡骸はミケランジェロの霊廟の向かいに建設された霊廟の基部に移された。

(155) フィレンツェでは、ジェノヴァ生まれのコロンブスに劣らず、あるいはそれ以上に同郷人のアメリゴ・ヴェスプッチ(一四五四―一五一二年)の功績が高く評価されていた。南北アメリカ大陸の存在がヨーロッパで広く知られるようになったのは、彼が一五〇二年にロレンツォ・ピエルフランチェスコ・デ・メディチに出した手紙と、それを編纂した『新大陸』(*Mundus Novus*, 1503)によってだったからである。

(156) ヴィヴィアーニが報告しているのは、パドヴァの北西二五キロメートルほどのところにあるコストッツァでの出来事だったらしい。ワインや食料品を保存するために近くの洞窟とつながった部屋があり、夏には訪問客をもてなすためにも使われた。ただし、ガリレオの息子のヴィンチェンツィオは、ガリレオは「ほぼ四〇歳からその死に至るまで、関節の痛みや折に触れて彼を悩ませる同種のことによって苦しめられた」(*OG*, vol. 19, p. 595)と述べているから、ヴィヴィアーニの伝える出来事は実際には一六〇三年前後のことで、彼はそれを一〇年早めてしまったという可能性がある。また、一六〇二年以前のガリレオの手紙にも、身体の不調を訴える記述は見当たらない。

(157)『偽金鑑識官』では、ガリレオ自身によって「哲学は、眼の前に絶えず開かれているこの巨大な書物(わたしは宇宙のことを言っているのです)のなかに書かれているのです。しかし、まずその言語を理解し、そこに書かれている文字を認識することを学ばないかぎり、理解できません。それは、数学の言語で書かれており、その文字は三角形、円、その他の幾何学図形で、これらの手段がなければ、人間としては、その言葉を理解できないのです」と述べられている(*OG*, vol. 6, p. 232)。

(158)フェルディナンド二世は、一六二一年にトスカナ大公となった。ただし、即位からしばらくは祖母と母親が摂政となり、彼が実権を握ったのは、ローマとウィーンでの遊学後の一六二七年である。ガリレオは彼に『天文対話』を献じている。

(159)アンドレア・アリゲッティ(一五九二―一六七二年)はカステリから数学を学び、一六四九年に元老院議員となった。彼は、宗教裁判後にシエナに滞在していたガリレオに固体の抵抗についての定理の証明を送ったが、ガリレオは彼に感謝し、『新科学論議』にその証明を加えようと提案している(*OG*, vol. 15, pp. 279–281)。ガリレオの死後、トリチェリをトスカナ大公付き数学者兼哲学者に推薦したのは彼である。

(160)一六四四年に出版された『幾何学著作集』(*Opera Geometrica*)のことである。これは、彼の生前に出版された唯一の著作である。

(161)ルドヴィコ・アリオスト(一四七四―一五三三年)は『狂えるオルランド』(*Orlando*

furioso, 1516）の著者として知られるが、ガリレオはピサ時代に「アリオスト傍注」（Postille all'Ariosto）を書いて彼を褒め称え、『偽金鑑識官』では彼の作品をたびたび引き合いに出したし、『新科学論議』第二日にも『狂えるオルランド』からの引用がある。また、『エルサレムの解放』（*Gerusalemme liberata*, 1581）を書いた詩人のトルクァト・タッソ（一五四四―一五九五年）とアリオストを一五八〇年代後半から九〇年代前半に書いた「タッソ考」（Considerazioni al Tasso）のなかで比較し、「わたしはいつも思うのだが、アリオストの壮大さ、豪華さ、見事さとは反対に、この詩人〔タッソ〕の創意工夫は、それとは比べものにならないほどみすぼらしく、貧しく、みじめである」（*OG*, vol. 9, p. 69）と述べていた。

（162）ヤコポ・マッツォーニ（一五四八―一五九八年）はピサ大学でのガリレオの同僚で、トルクァト・タッソの友人でもあった。後述されるように、ガリレオがタッソについての批評をマッツォーニに渡すのをためらったのは、ガリレオのタッソ評価の低さと関係していたと思われる。注（161）参照。

（163）ダンテの原文では、「わたしは彼女をさらに何度も見ることはなかった／彼女に新たな美を見つけられないのなら」（*Rime di Dante Alighieri*, Milano, 1828, p. 51）。

（164）よく知られているのは、ピサ大学教授時代に書かれた「トーガを着用することに反対するカピートロ」（Capitolo contro il portar la toga）である（*OG*, vol. 9, pp. 213–223）。

ガリレオはこのカピートロ、つまり三行連句の風刺詩で、大学当局が教師たちに大学外でも教師の身分を示すトーガを着用することを求めたことを皮肉っていた。ファヴァロの『国定版ガリレオ・ガリレイ全集』の同じ巻には、この他にソネットが五編収められている。

(165)『新科学論議』第一日の終わりのほうで、サルヴィアティに「チターやチェンバロの絃についての注目すべき問題というのは、その絃が同度で協和している絃だけでなく、その八度や五度音程の絃も動かし、鳴り響かせるということです」(OG, vol. 8, p. 141)と発言させ、絃と音程の関係を論じている。

(166)一六一二年六月二六日にガリレオはチゴリに出した手紙で彫刻と絵画を比較して、「彫刻は盛り上がりをもつが、絵画はもっていないから、彫刻が絵画より称賛に値するというのは、とんでもない間違いです。まさにこの理由で、絵画は驚異という点において彫刻をしのいでいます。……模倣の手段が、模倣されるものから遠ざかるほど、その模倣はすばらしいものとなります」と語っている(OG, vol. 11, pp. 340-341)。

(167)アルベルティーノ・ディ・マルチェロ・バリソーネ(一五八七—一六六七年)はパドヴァ大学でのガリレオの学生であり、法学と哲学を学んだ。一六二八年からパドヴァ大学で法学を教え、一六五三年にチェネダの司教となった。

(168)スウェーデン国王グスタフ二世アドルフ(一五九四—一六三二年)がパドヴァでガリ

レオの講義を聴講したと考えるには彼は若すぎ、また彼の即位は一六一一年一〇月だから、ヴィヴィアーニの伝える逸話を信用することはできない。おそらく、エリク一四世の王子グスタフ(一五六八—一六〇七年)と取り違えていると思われる。父親の退位後に叔父が国王ヨハン三世になると、彼は新国王から国外退去を命じられた。

(169) 注(48)参照。

(170) フランチェスコ・デ・メディチ(一五九四—一六一四年)はフェルディナンド一世の四男で、ロレンツォ(一五九九—一六四八年)は七男である。

(171) ベネデット・カステリは一六一三年にピサ大学の教授、その後一六二六年にローマのラ・サピエンツァ大学の教授に、ニッコロ・アッギウンティ(一六〇〇—一六三五年)は一六二六年にカステリの後任としてピサ大学の教授に、ディノ・ペリ(一六〇四—一六四〇年)は一六三六年にアッギウンティの後任として教授に、ヴィンチェンツォ・レニエリは一六四〇年にペリの後任として教授になった。カステリの弟子のボナヴェントゥラ・カヴァリエリは一六二九年にボローニャ大学の教授となった。

(172) ここに挙げられているのは、パルマおよびピアチェンツァ公オドアルド一世ファルネーゼ(一六一二—一六四六年)、バイエルン公で、のちにバイエルン選帝侯を兼ねるマクシミリアン一世(一五七三—一六五一年)、マントヴァおよびモンフェラート公ヴィンチェンツォ・ゴンザーガ、おそらくモデナ公の息子でトスカナ大公コジモ一世の孫のルイージ・デステ(一五九四―一六六四年)、神聖ローマ皇帝フェルディナント二世の弟でオーストリア大公のレオポルト五世、フェルディナント二世の末弟でブレスラウ司教、ブレッサローネ司教、およびドイツ騎士団総長のカール・ヨーゼフ・フォン・エスターライヒ(一五九〇―一六二四年)である。ガリレオは、マクシミリアン一世とレオポルド五世に自作の望遠鏡を贈っている。

(173) たとえば、パドヴァ時代の一六一〇年一月には、シピオーネ・ボルゲーゼ枢機卿から小箱と金の鎖を受け取った(*OG*, vol. 10, p. 385)。一六二四年六月には、教皇ウルバヌス八世から金と銀のメダルを贈られ、さらに彼の息子のヴィンチェンツィオへの年金も約束された(*OG*, vol. 12, p. 182)。

(174) オランダからの贈り物については、注(129)参照。

(175) ポーランド国王ヴワディスワフ四世(一五九五―一六四八年)はガリレオの友人であり、支援者でもあった。グスタフについては、注(168)参照。

(176) 神聖ローマ皇帝ルドルフ二世、マティアス(一五五七―一六一九年)、フェルディナント二世(一五七八―一六三七年)は、いずれも芸術と科学の庇護者として知られている。ヨハネス・ケプラーは、このルドルフ二世の宮廷付き天文学者だった。

(177) ティトゥス・リウィウス(紀元前五九頃―一七年)はローマの共和政末期から帝政初期にかけての歴史家で、『ローマ建国史』(*Ab urbe condita*)の著者として知られている。

リウィウスについては、小プリニウスが『書簡集』のなかで、「ガデスのスペイン人の話を聞いたことがないのか。彼はリウィウスの令名にいたく感激し、彼を一目見ようと地の果てからやってきて、戻って行った」(*The Letters of the younger Pliny*, trans. Betty Radice, Penguin Classics, 1963, p. 61)と語っている。

(178) 一六一八年三月、レオポルト五世が病床にあったガリレオを見舞っている(*OG*, vol. 12, p. 389)。一六三八年の秋には、ジョン・ミルトンがアルチェトリのガリレオを訪問している(*OG*, vol. 19, p. 9)。これについて、彼は『アレオパジティカ』(*Areopagitica*, 1644)のなかで、「フランシスコ派やドミニコ派とは異なる考えで天文学を考えたため、異端審問所につながれているかの有名な老ガリレオを知って私が訪問したのはその地であります」(『言論・出版の自由』原田純訳、岩波文庫、二〇〇八年、五二ページ)と述べている。さらに、ガリレオの側には記録が残されていないが、トーマス・ホッブズが一六三六年頃にガリレオを訪問している(ジョン・オーブリー『名士小伝』橋口稔他訳、冨山房百科文庫、一九七九年、一二六ページ)。

振子の時計への応用に関するメディチ家のレオポルド殿下への手紙

トスカナのレオポルド殿下へ

殿下

きわめて優れ有益な考察にいつも耳を傾けてこられた殿下は、不滅で輝かしい名声をもつガリレオ・ガリレイの振子を用いた驚くべき時間測定装置の発明と使用法について、とりわけ使い慣れた時計への応用についてわかっていることを整理して書面に記載するよう、わたしに命じられました。わたしはそれに応ずることにしますが、とても純正な判断力をおもちの殿下に提出するのに必要とされるあからさまで飾り立てた文体にすることなく、むしろ、わたし自身の誠実さをもって、かくも偉大な人物の生涯におけるさまざまな出来事と行ないについて彼自身の口を通して聴いたことを、殿下のご命令に応えて五年前におおざっぱに書き留めたものからすべて引用することにします。

至高にして理解の及ばない原動者は、運動の本性とその驚くべき偶有性のごくわずかな部分の研究も我らの偉大なガリレオを除いていかなる古代の哲学者にも現代の哲学者にも許してこなかったということは、伝えられている話からよく知られている。だから、ガリレオはその天分の卓越さのゆえに運動を神の幾何学の厳密な法則に従属させた最初の人となった。同様に、このガリレオがきわめて単純な、いわば天性の技巧で同じ運動によって測定される時間の測定を行なった最初の人であるのも疑い得ない。すべてを明瞭に思い起こすため、このきわめて有用な発明の起源と改良について以下に記すことにする。

ガリレオは二〇歳くらいだった一五八三年頃、父親の勧めでピサの町で哲学と医学の勉学に専念していた。ある日、この町の大聖堂のなかにいたとき、好奇心をもって注意を怠らなかったところ、ランプが垂線から逸れて揺れているのに気づいた(1)。彼は、その往復の時間が大きい弧に沿ってであっても、中くらいや小さい弧に沿ってと同じであるかどうかを観察しようとした。大きい弧の大きい距離を通過する時間は、ランプは上部ほど勾配のきつい線に沿っているのだから、彼にはそれが動いているように見える大きな速度によって埋め合わされているのではないかと思われた。そこで、ランプがゆっくりと動いているうちに、自分の脈拍で、音楽の拍子も使って、よく言われているように大ざっぱにその往復を測定しようと思いついた。彼はすでに訓練を受けて、これにはとても上達していた。当時、こうした検証から、時間が等しいと信じたのは間違っていないと彼には思われた。しかし、これに満足することなく、家に帰って以下のようにしてもっとはっきりと確認しようと考えた。

彼は二つの球に正確に同じ長さの糸を結び、それらの末端を固定して吊り下げ、空気中で自由に揺れるようにした（のちにこのような器具を彼がブランコとか振子と呼んだのはこのためである）。それらを垂線から異なる角度で、たとえば、一方を三〇度、他方を一〇度逸らし、それらを同時に放した。そして、友人の助けを借りて、一方が長い弧に沿って一定の回数振動したときに、他方が短い弧に沿って正確に同数回振動することを観察した。

さらに彼は二つの同じような振子を作ったが、それらの長さは大きく異なっていた。そして、短いほうを、たとえば長い弧に沿って三〇〇回振動させると、同じ時間に長いほうは長い弧に沿ってであれ、短い弧に沿ってであれ、いつも同じ回数、つまり四〇回振動するのを観察した。これを何度も繰り返し、どのような弧に沿ってであっても、どのような振動回数であっても、観測結果はいつも一致していることを見いだした。このことから、同じ振子の往復の時間は、それらの振動が非常に長くても、非常に短くても、正確に等しいか、遅い物体よりも速い物体のほうに大きな障害となる空気の妨害によるもののほかには、少なくとも感知しうる差を見つけることはできないと結論したのである。

彼はまた、球の絶対的な重さが異なっても、その種類によって重さがさまざまであっても、それらのあいだに明らかな違いはなく、すべてが吊り下げ点から球の中心までの長さが等しくなるように糸で吊るされているなら、コルクのような非常に軽い物質を選ばないかぎり、どの弧を通ってもいつも厳密に同じままであることに気づいた。コルクの運動は空気(これはあらゆる重いものの運動をいつも妨害し、軽ければそれだけ大きく妨害する)によって容易に妨げられ、すぐに静止させられるのである。

ガリレオはこの驚くべき現象を確認すると、昔から一般に実行されていた脈拍の測定のために、それを医学に応用することを思いついた。

数年後、幾何学の研究に、続いて天文学の研究に専念していたとき、観測をきわめて正確に行なうには慎重な時間測定がどうしても欠かせないと考えた。このため、彼はこのときから、時間と天体の運動、恒星と惑星の見かけの直径の測定、蝕の持続時間、その他同種の多くのものに振子を利用し始めたのである。とりわけこうした器具の紐を次第に短くしていくと、微細な時間やさらに細分化された時間、秒以下まで望むままに得られた。

その後、幾何学と彼自身の運動についての新しい科学に導かれて、等しい振動回数であれば、振子の長さは時間の二乗に比例することを見いだした。しかしガリレオは、それまでにたっぷりとしてきたように、この考察を気前よく伝えたため、彼から知らされた振子の使用法と新奇な属性は次第に流布し、時には自分の労作であるかのように私物化する者や、ある出版物ではその真の考案者の名前をわざと表記しない者も現われた。そのようなことが効力をもつと、少なくともその起源を知らない者は彼らの発明だと容易に信じたかもしれない。善意ある人びとはそのことを本当だと考えることはほとんどなかっただろう。そのような人びとのなかにオランダ人のクリスチャン・ホイヘンスがいて、彼は一六五八年に出版した『時計』の序文で、その発明に関してガリレオに好意的な証言をしている(2)。

この単純な装置の実践への応用はこれで終わりではなかった。その後の一六一〇年に、ガリレオは望遠鏡によって木星のまわりに四つの衛星を発見し、それらをメディチ星と命名したが、それらの掩蔽と出現、蝕、その他同様の短期間の現象のさまざまな様子を観測して、それらを万人の利益のために航海術と地理学に利用する価値があるとすぐに気づいた。このことで、彼は過去および今世紀の主要な天文学者や数学者がむなしく取り組んできた有名な難問を解決したのである。彼らが取り組んだのは、夜のどの時間であっても、あるいは少なくとも月の蝕を利用するよりももっと頻繁に、海上においてであれ陸上においてであれどこにおいても経度を測定できるようにすることだった。これを実現するため、彼はメディチ星の周期と運動の観測に没頭して、最初の発見から一五カ月足らずで非常に正確な知識を獲得し、それぞれの衛星相互および木星本体に対する将来の配置を予報することができるようになった。彼は来たる一六一三年三月と四月の二カ月分を参考として公表したが、『太陽黒点論』の末尾にそれを読むことができる。(3) しかし、彼にはわかっていたことだが、経度に役立てるにはもっと完全なものにする必要があった。星表と天体位置表を算出できるようにするためである。これは、大量の長期間にわたる観測がなければ不可能だった。この称賛すべき考察を、主として海に勢力を伸ばしていたヨーロッパの何人かの偉大な君主たちに提案しようと決断したのは一六一五年になってからだった。彼がこのことを自分の主君であるコジモ二世大公に話したところ、大公は自らスペイン国王フェリペ三世と交渉を進めることを希望した。こうした大事業に発展したガリレオの発明のなかに（波立っているときでも船上で容易に組み立て使用するための取扱説明書、これらの衛星の将来の配置を予告する星表と天体配置表が付属した、木星とその衛星の観測に適した既存の最良の望遠鏡に加えて）非常に精確な時計、つまり、振子の一様な振動から成り立っているものがあった。この交渉はさまざまな出来事のために中断し、のちになって別の機会に復活したが、結局は一六二九年に放棄された。どのような不運によるのかはわからない。

ガリレオには、自分の提案が恐らく直面している最大の障害と最大の異論は、スペインのすべての国王やその他の君主たちが誰であれ、そのような発明の考案者に約束していた豪華な賞金と名声のためにそれを提出したのだと信じさせてしまうことだと思われたのである。それでも彼は、決してそのような卑劣な動機によって動かされたのではなく、むしろ自分が見いだしたものへの信頼によってだと認めさせようとした。人類の交易にとって必要で有益な知識で世界を豊かにしようと熱望し、そうすることで彼が受けてしかるべき栄誉で身を飾ろうとしただけなのである。彼は最終的にオランダ連邦国にそれを無償で気前よく提供することを決断した。その結果、一六三六年に、パリの著名な法律家で議会弁護士であり、ガリレオの親密な友人だったエリア・ディオダティ氏の怠ることのない仲介のおかげで、当時スウェーデン王室のパリ駐在大使だったフーゴー・グロティウス氏の支持もあり、ガリレオはオランダ政府の代表者たちに自分の構想を提案するとともに、多くの各種文書と手紙を送って(前述の政府代表者たちだけでなく、この提案を検討するために彼らによって選出された委員長のラウレンス・レアエル氏、このために任命された他の委員たち、つまり、マールテン・ファン・デン・ホーフェ、ヴィレム・ブラウ、ヤーコブ・ファン・ホール、そしてイザーク・ベークマンの各氏にも送られた)、揺れている船上での望遠鏡の実用性を妨げる障害に関して、および時間測定のための振子の利用に関して、自分の発明の使用法と独特の秘訣のすべてを詳述した。彼は一六三七年六月五日のラウレンス・レアエル氏に宛てた手紙で、時計のような装置、あるいは小さな機械を簡潔に描いて、振子の振動を数えるという退屈な作業をしなくてもよいようにするために思いついた考えを提示している。それは、振子が通過すると動かされ(時計のテンプ〔金属製の輪のなかにゼンマイを仕掛けたもの」と呼ばれるものの代用となっている）、振動回数、経過した時間と分とを示している。殿下はそのすべてを次章で読むことができます。ガリレオがレアエル氏に送った手紙をそのまま書き写しておきました(4)。

わたしはもっとも真であって強固な原理から時間測定装置の構造を導き出しています。糸によって吊り下げられた錘ではなく、真ちゅうとか銅のような硬くて重い材質の振子を使用します。この振子を半径二、三パルモ(5)で、一二度から一五度の扇形にします。それが大きいほど、それを見守る退屈さは少なくなります。このような扇形を半径の半分は厚くし、末端に向かって薄くしていきます。空気の妨害をできるだけ避けるために、その先端を非常に鋭くしています。これだけが振子を遅くしていくからです。その中央には穴があいており、その穴のところで竿ばかりが傾くような格好で鉄片がそこを通っています。この鉄片は下部が角張った形になっており、二個のブロンズの支えの上に置かれています。扇形が動き続けることですり減らないようにするためです。この扇形が垂直の位置から（充分に平衡状態を保たせて）大きな角度で逸らされると、静止するまで振動を何回も繰り返します。これを必要に応じて続けさせるためには、付き添っている人物がしかるべき時にこれに強く衝撃を与えて、大きな振動に変えてやるのが好都合でしょう。恒星の回転を測定して一日になされる振動回数を辛抱強く一度数えてしまえば、一時間、一分、さらにもっと短い時間間隔での振動回数が得られるでしょう。どんな長さの振子であっても最初にこの実験をすると、各振動が一秒になるようにそれを長くしたり短くしたりできます。このような振子の長さは時間の二乗に比例するからです。たとえば四パルモの長さの振子が一定の時間に一〇〇〇回振動すると仮定すると、同じ時間に二倍振動する振子の長さを求めたい場合、この振子の長さは元の振子の長さの四分の一が必要ということになります。要するに、実験からわかるように、異なる長さの振子の振動の多さはそれらの長さの平方根に関係します。

振動の回数を絶えず見守るという退屈さを避けるため、次のような好都合な対策があります。すなわち、扇形の周の中央にとても小さくて薄いとがった針を外に向けて突き出させ、その端を剛毛に突き刺して固定します。この剛毛は、振子のそばに水平に置かれている紙のように軽い歯車の歯の上に垂れ下がっており、歯のまわりにのこぎりの刃のような端があります。つまり、その一端は歯車の面に垂直で、他端は斜めに傾いている。その働きは以下のものです。垂直なほうの小さい剛毛が歯にぶつかるとそれを動かしますが、次に戻るときには、同じ剛毛の歯に斜めになっているほうはそれを動かすことはなく、それをこすり、次の歯の下に落ちていきます。このようにして、振子が移動すると歯車は歯ひとつ分動きますが、振子が戻るときには、歯車はまったく動かないでしょう。その結果、その動きはいつも同じ向きに円を描き、歯に数字を付けておけば、通り過ぎた歯の数を、したがって振動の回数と経過時間を望むままに知ることができるでしょう。さらに、最初の歯車の中心にもうひとつの歯の数の少ない歯車を他方の大きい歯の付いたほうの歯車に接して適切に配置しますと、その動きによって最初の歯車の回転の総数を知ることができるでしょう。歯の数を割り振ることで、たとえば第二の歯車が一回転すると、第一の歯車は二〇、三〇、あるいは四〇回転、あるいは望むままの回転をするでしょう。しかし、閣下にこのことをお話しするのは、閣下は時計やその他の驚嘆すべき機械を作れる非常に鋭敏で創意に富む人物をおもちだから余計なことですが、彼らがこの新しい基礎の上に、つまり、振子は長い距離を動こうと短い距離を動こうとまったく同じように往復するということを知って、わたしが想像しうる以上に緻密な結論を見いだすでしょうから。時計の不精確さは主として、われわれが時計のテンプと呼んでいるものを振動が等しくなるように精密に製作できていないということにあります。とても単純で、何の修正も受けていないわたしの振子が、つねに一様に時間測定を行なう方法なのです。これで、閣下はホルテンシウス氏とともに、この器具に天文観測においてどのような利益があるのか、どの程度の利益があるのかをおわかりいただけたでしょう。このために、時計を絶え間なく動かす必要はなく、正午、それとも日没からの時間については、何らかの蝕、合、あるいは他の星位までの短い時間を知るだけで充分です。

この直後に、これがレアエル氏から他の委員たちや他のオランダの紳士方に伝えられ、彼らは政府代表者たちとともにガリレオを支援することにした。彼らのなかに、アムステルダム出身の評議員であり首相でもあったボデール氏、そして、ザイリヘム出身で、当時筆頭評議員でオランイェ公の秘書でもあり、クリスチャン・ホイヘンス氏の父であるコンスタンティン・ホイヘンス氏がいた。

ガリレオには、この問題について手紙で遠隔地とやりとりするのは時間がかかるとわかっていたので、数日間滞在してこの困難を克服したいと考えていた。これを進めようとしていると、新たな代表者に改めて情報を提供しなければならなくなった（五年間交渉が続いたのちに、彼の提案の検討を委ねられていた四名の委員全員が死亡したのである）。状況が違えば喜んでしただろうが、彼の七五歳という高齢と彼の失明がアムステルダムへの旅行を許さなかった。それにもかかわらず、彼は万人の利益のために、自分の生存中でなくても、少なくとも自分の考案したものを知っている人がいるうちに、できうるかぎり早くそれが試されるのを望んでいた。求められている経度の決定法を得るための自然界における唯一の手段がこれだと、彼は考えていたのである。彼は、もっとも信頼し、天文学にも通じた友人を派遣することを決断した。この人物はアムステルダムに旅行するのを希望したということを充分に示して見せ、ガリレオは視力を失ったのち、彼に自分の仕事のすべて、メディチ星の観測と計算を譲り、星表と天体位置表を作成するための理論を授けた。この人物とは、オリヴェート会の修道士、ヴィンチェンツォ・レニエリ神父であり、ピサ大学の著名な数学者だった。彼は進んで前述の観測を続けることに熱中し、殿下がよくご存知のように、これらの惑星に起こる詳細な出来事のすべてを何カ月も先まで予報できるほど熟達していた。一六四七年、彼は殿下と枢機卿のジャン・カルロ殿下に出版されるばかりになっていた何年間分もの星表と天体位置表を示した。すべての者によりよい結末を迎えさせようとする神は彼を愛し、その後数カ月で突然のごとく彼から命を取り上げたのである。どのような災いのために、運命がこのように有益な知識を阻むことになったのかはわからない。彼がいまわの際にあったとき、無知な者か、あるいは邪悪な心をもった者が彼の部屋に立ち入り、彼の研究を奪い去った。そのなかには、前述の完成された作品とガリレオの一六一〇年から一六三七年までの整頓された観測と計算のすべて、さらにこのレニエリ神父が一六四八年まで継続して書き留めたものがあった。こうして、かくもおびただしい労苦を伴う三八年間の徹夜によって世界のためにようやく成し遂げられたものがあっという間に失われたのである(6)。

余談はさておき、ガリレオはこのレニエリ神父をオランダに派遣しようとしていたが、おそらく、才能豊かな若者で、機械的発明に興味がある自分の息子のヴィンチェンツィオ氏を同行させようとしていた。彼らはどちらも大事業の実現に必要な知識のすべてを身につけ、完璧に教授されていた。だから、レニエリ神父が星表の作成に専念していたとき、ガリレオは彼の時間測定装置についての考察を始めたのである。一六四一年のある日、わたしがアルチェトリの邸宅に滞在して彼のそばにいたとき、彼が振子を錘やバネで動く時計に応用できるのではないかと思いついたということを憶えている。振子の一様で自然な運動が時計技術の欠陥のすべてを修正してくれることを期待して、それを通常のテンプに代えて使うのである。しかし、ガリレオは視力をなくし、図を描き模型を作ることで構想していた結果に適した装置を見つけることができなかったから、ある日にフィレンツェからアルチェトリにやって来た息子のヴィンチェンツィオ氏に自分の考えを伝え、その後に何度もさまざまな話し合いがなされた。最終的に、彼らはここに添付した図面に示されている模型を確定し、とりあえず製作することにした。構想されただけの機械では普通はほとんど予見できない障害を知るためである。しかし、これを経度測定のために大公殿下と殿下に、次に国家に献上する前に職人によって暴露されてしまわないように、ヴィンチェンツィオ氏が自分自身で機械を作ろうとしたため、彼が製作を引き延ばしているうちに、その後数カ月でこの驚くべき発明の考案者であるガリレオは病に伏し、主の受肉から数えて〔フィレンツェ暦の〕一六四一年の一月八日に死亡した。(7) こうしてヴィンチェンツィオ氏の熱気が冷めてしまい、一六四九年四月まで、わたしの目の前で彼の父親のガリレオから彼に与えられた構想に基づいてこの時計の製作に着手することはなかった。

ところで、彼は、その当時にはまだ生存していたドメニコ・バレストリという名前の、ポンテ・ヴェッキオで錠前師をしていた若者を雇っていた。この若者は壁掛けの大時計を作った経験が少しはあった。彼に鉄の枠組みと、軸と小歯車の付いた円盤を作らせたのである。これらには歯は刻まれておらず、残りの作業はヴィンチェンツィオ氏が自分で行なった。上方の円盤には一二個の歯、いわば切り込みが刻まれて、歯と歯の中間に同数のピンが付けられ、軸にある小歯車には六個の歯が刻まれた。前述の円盤を動かすもうひとつの円盤には九〇個の歯が刻まれた。そして、枠組みを横切っている腕木の一方の側にかぎ爪あるいは止め具を、上方の円盤に乗るようにして固定し、他の側には鉛の球に突き刺さった鉄線でできた振子を取り付けた。この球はねじることで動き、必要に応じて振子を長くしたり短くしたりして、振子を平衡錘と調和させることができる。これが終わると、ヴィンチェンツィオ氏はわたし(この発明に熟知しており、それを実現するように催促した人物である)に一度ならず実演して見せ、前述の職人も試したように、平衡錘と振子が組み合わさった働きを確認しようとした。後者が静止すると、前者の落下を止める。しかし、それが外側に揺れ戻って垂線を越えると、解放する。振子はその回転軸に取り付けられた二本のしっぽ状のもののうち長いほうによって円盤の溝にはまっていたかぎ爪を引き上げ、円盤は平衡錘によって引っ張られ、その上部を振子のほうに回転させ、そのピンの一本を短いほうのしっぽ状のものに押しつける。戻り始めに、ピンはしっぽ状のものに衝撃を与え、振子に一定程度それを分け与え、振子を揺れ始めた高さまで持ち上げる。振子が自然に揺れ戻り、垂線を越えると、再びかぎ爪を持ち上げ、切り込みのある円盤は平衡錘の力によってすぐに運動を再開し、次のピンによって振子を押し動かす。こうして、振子の往復運動は、錘が最下部に押しつけられるまで続けられる。

われわれはともにその働きを検討し、さまざまな問題に気づいた。そのすべてをヴィンチェンツィオ氏が解決することを約束した。それどころか、他の発明と組み合わせて振子をさまざまなやり方で時計に応用できると考えた。しかし、このような段階にまで達するために、図に示されている構想に基づいて、時間と分の文字盤を付け加えてそれを仕上げようとした。このために、別の円盤に歯を刻み始めた。しかし、彼はこの慣れない作業で突然高熱を出してしまい、ここに見られるような程度で未完成のまま投げ出さざるを得なかった。発病して二二日目の一六四九年五月一六日、彼にとってはまったく狂いのない時計のすべては、もっとも精密な時間測定装置とともに破壊され、永遠に時を刻むのをやめてしまった。彼は聖なる本質に抱かれて、永遠という理解し得ない時を測定するために(わたしはそう信じたいのだが)旅立ったのである。

殿下、これが経緯であり、言ってみれば、この備忘録が偉大なガリレオに始まる称賛に値する時間測定装置の生涯です。お聞きのとおり、この装置は一五八三年頃にピサの古くて有名な聖堂で生まれましたが、それにもかかわらず、きわめて鋭敏な我がアカデミア・デイ・リンチェイ会員(8)が初めて観察しなかったとしても、振子の往復振動はまったく等しいという現象が不滅であるかぎり、その着想の基本原理は不滅である。実際、その原理はきわめて単純で、そこからガリレオの偉大な格言が真実であるとわかる。「自然は些細なことによって多くを成し遂げ、それが成し遂げたことのすべてはおしなべて驚嘆すべきである。」当初は、この成果は医学にとって念願の補助器具だった。のちに、きわめて強靱な幾何学によって育まれ、その細心の教化によって成長し、崇高な天文学に役立てられ、同様に航海術と地理学に適しており、利用されうるということが明らかになった。一六四一年頃、その生みの親であるガリレオがそれに別の姿を与えようと思いついたとき、まさにより重要な用途に使われようとしていたのである。ようやく八年後に、ヴィンチェンツィオ・ガリレイ氏の手によって完成間近になったとき、不幸なことに放棄されてしまった。

その他については、殿下にお話ししなければならないことがあります。四年ほど前、いつも非常に有用で新奇なことを奨励してこられたたいそう洞察力のある大公殿下が、振子の振動を退屈することなく確実に数える方法に興味を示されました。ただし、外部の動力とは関係をもたない、つまり依存しない（ガリレオの時計の場合がそうです）自由で自然な振子についてです。当時、わたしは前述のガリレオの手紙の一節を大公にお示しし、ガリレオはそれが実現可能であると考えていたということ、そして、自ら考案した方法を記述し、オランダに発送したということをお教えしました。とても創意に富んで欠点のない職人であり、まさに第一人者と言うべきアウグスブルクのフィリップ・トレフラーは、この発想に刺戟されて、あのすばらしい小型の機械を作った(9)。それは垂直になった振子の最下点に置かれて、球の下部に固定された鋭い針によって、球が帰るときにではなく、往くときにだけ動かされる小さな翼が付けられており、非常に軽い円盤を介して正確な振動数を示し、望むなら微少な時間を示した。この振子を同じ鉛直面で動かすため、さまざまな工夫が提案され、実行された。大公の命令によって、さまざまな機械が検討され、作られた。それらは、振子が静止しそうになり、計数器の翼を持ち上げなくなるかなり前に、振子を最初に置かれていた高さまで引き上げた。こうして、振子の運動はある意味で永続化し、結果として振動の計測も続けられるのである。同時期に、技術者のフランチェスコ・ジェネリーニから大公に鉄製の模型が提出されたが、それは平衡錘と振子を組み合わせており、多様で多数の創意に富む応用があったものの、一四年前にガリレオが考案したものによく似ていた。先に挙げたフィリップは大公のためにこの発明を室内用の時計に改造したが、それは時間と分を示した。その後、彼はもっと精確で、もっと短い時間を表示し、何日たっても互いに一分たりとも違わない時計を殿下方のために作った。このフィリップは他の発明を借用し、大公の命令により殿下方がお住まいの宮殿の広場に公共の時計をこの方式で作った。最後に、四カ月前、パリから殿下にすでにお話しした備忘録をお送りし、前述のホイヘンス氏の同種の時計の略図をお示ししました。しかし、ここで述べた事実の詳細は、殿下を大いに退屈させることになるのでくどくどと書くことはしませんでした。殿下はすでにご自分ですべてを見られたのですし、そこに居合わせておられたのです。それでは、深くお辞儀をし、殿下のガウンに口づけをいたします。

一六五九年八月二〇日　自宅にて

殿下の

もっとも卑しく、もっとも忠実な、もっとも恩義あるしもべ

ヴィンチェンツォ・ヴィヴィアーニ

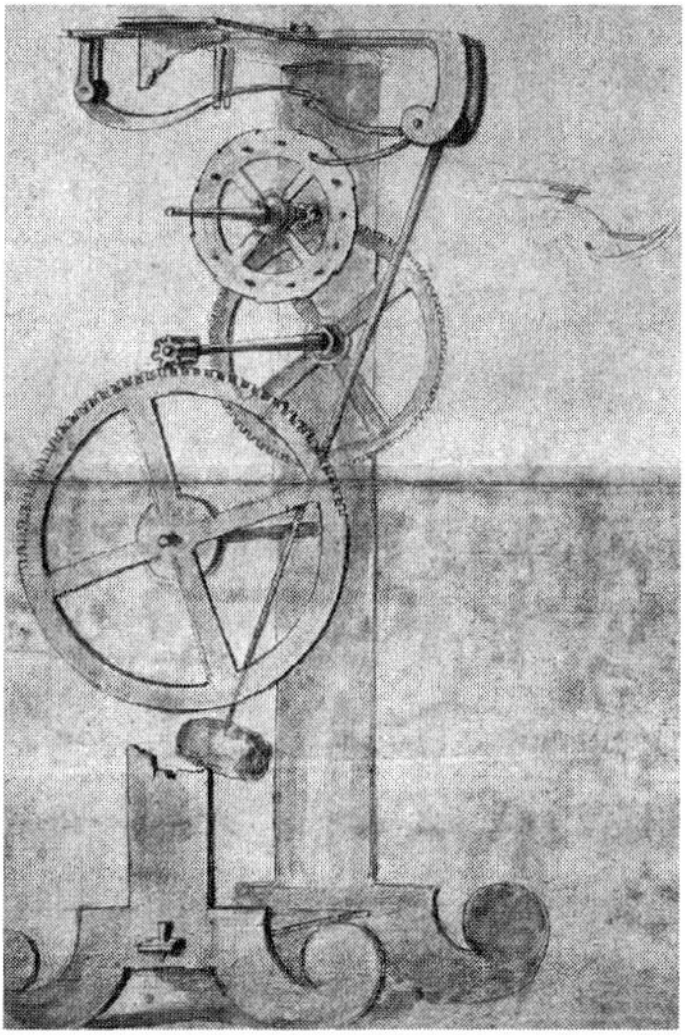

（訳者注）　ヴィヴィアーニが描いたという確証はないが（息子のヴィンチェンツィオはすでに死亡している），彼の手紙に添えられていた振子時計の図．パリのブリオに送られた手紙の写しにも同じ図がある．

訳注

（1）「ガリレオ・ガリレイの生涯についての歴史的報告」注(17)参照。

（2）クリスチャン・ホイヘンスが彼の振子時計の原型を完成させたのは一六五六年のことで、その後に改良を加えながら職人を雇って製作させた。この時計はガリレオの時計を改良し、振子の錘の重心がサイクロイド曲線を描くように工夫したものである。つまり、ガリレオの振子が等時性を示すのは微小振動のときだけで、振幅に関係なく等時性を示すのは振子の錘がサイクロイド曲線を描くときだけであると、彼は突き止めたのである。さらにガリレオの時計は振子の振動そのものを動力として利用していたから、振動は短時間で減衰してしまっただろう。すでにヨーロッパでは、精度は低かったものの、錘の落下またはゼンマイを動力とする時計が普及していたから、ホイヘンスはガリレオの振子を調速器とし、すでにあった動力と組み合わせたのである。彼は一六五七年六月一六日にこの時計の特許を取得している。これらの改良とサイクロイド曲線の研究の成果は、一六七三年の『振子時計』で発表された。ヴィヴィアーニが言及しているホイヘンスの一六五八年の『時計』序文では、「確かに、彼らは観測に用いられる水時計やどんな自動装置にも失望させられてきたので、結局は、あのもっとも鋭敏なガリレオ・ガリレイの新しい教えによってこの方法に着手した。彼らは細い鎖で吊るされた錘を手で動かし、それぞれの振動回数を数えることで均等な時間単位に合致する数を得たのである」(*Œuvres complètes de Christiaan Huygens*, t. 17, 1932, p. 55)。また、『振子時計』でも、「実際、その起源をガリレオに求めようとする者が、彼は試みたけれども、その発明を完成させなかったと言うなら、このことについては、わたしは彼よりもよい研究結果を得たのだから、彼をわたしよりも褒めていないことになるだろう。他方で、最近、ある学識ある人物が望んでいるように、ガリレオ自身または彼の息子が時計もしくは同種のものを作ったと主張するなら、彼らがどれほど信用されるのを望みうるかはわからない。その有用な発明が、わたしによって公表されるまで八年間たっぷり知られないままだったということはほとんどありえないからである」(*Horologium oscillatorium*, 1673, p. 3)と述べている。ホイヘンスは一六五八年の時点では、振子が真に等時性を示すのは錘がサイクロイド曲線を描くときであるという正しい結論にまだ達していず、振子を経験的に得られた曲線に沿わせていた。ヴィヴィアーニの文章からは、彼がこの工夫の重要性に気づ

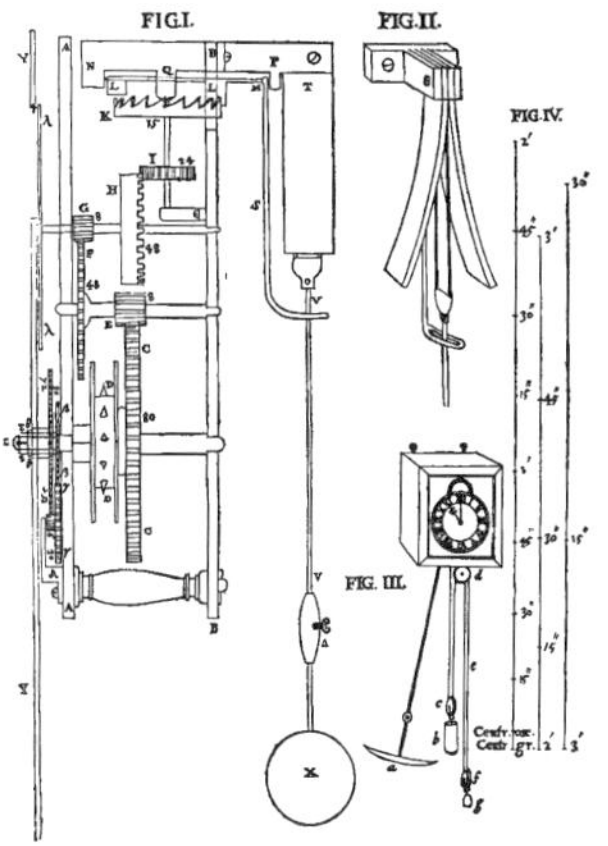

ホイヘンスの振子時計の図面

いていたかどうかは不確かである。

(3)『太陽黒点論』はクリストフ・シャイナーの手紙に答えたガリレオの三通の手紙で構成されているが、一六一二年一二月一日付の三通目の手紙に追伸として、一六一三年三月一日から五月八日までの木星の衛星の位置予報が付け加えられた(*OG*, vol. 5, pp. 241–245)。

(4)この手紙は、アントニオ・ファヴァロ編纂の『国定版ガリレオ・ガリレイ全集』の第一七巻にある(*OG*, vol. 17, pp. 101–103)。

(5)「ガリレオ・ガリレイの生涯についての歴史的報告」注(33)参照。

(6)それらは一九世紀になってエウジェニオ・アルベリによって発見され、「ヴィンチェンツォ・レニエリ神父の労作」と題されて彼が編集したガリレオ著作集に収録された(*Le Opere di Galileo Galilei*, t. 5 parte 2, 1853, pp. 337–368)。さらに、『国定版ガリレオ・ガリレイ全集』にも「ヴィンチェンツォ・レニエリの観測と計算」として再録されている(*OG*, vol. 3 parte 2, pp. 967–1054)。

(7)現代の暦では、一六四二年である。

(8)アカデミア・デイ・リンチェイ会員とは、ガリレオ・ガリレイのことである。リンチェ(lince)はオオヤマネコであり、オオヤマネコのように鋭敏な、あるいは見通しのきく人びとの集まりという意味でアカデミアは命名されていた。

(9) アウグスブルク生まれのヨハン・フィリップ・トレフラー(一六二五―一六九八年)は一六五〇年代初頭にフィレンツェに移住し、一六六四年までトスカナ大公付きの時計職人だった。

最晩年のガリレオについての報告

〔ヴィンチェンツォ・ヴィヴィアーニ『ユークリッド原論第五巻』からの抜粋〕

…〔前略〕…

さて、残されているのは、ガリレオの死亡時に、この覚書きで約束されたもののうちのいずれが、どの程度まで執筆されており、それがどうなったのかを明らかにすることである。[1] このことやその他の有益だと思われることを伝えるため、わたしが知っている詳細を順に話すことにしよう。

しかし、前もって知っておいてほしいのは、あの一六三八年一月二三日以後、ガリレオはそれから約四年間、眼のしつこい充血に悩まされながら生き続けるのだが、彼は何度も深刻な病に倒れ、関節痛にもたびたび苦しめられ、その他にも老人にありがちな不調もあったということである。だから、彼は自分の残された思索の口述に真剣に取り組むことも、それを書き記すこともできなかった。とりわけ、彼は他人の眼の助けを借りねばならなかったが、彼の不自由を補うことができるというだけでなく、彼を気遣うことに加えて、彼の住居で彼と同居できる人物の眼を必要とした。さらに（他のすべてと同じくらい重要なのは）、数学と哲学の知識があり、きちんとした教育を受けた人物を必要とした。そうすれば、彼が自分の考えを説明すると、その友人はそれを適切で完璧な書式ですぐに記述することができただろう。

彼にはこのような人物がいず、心身のしつこい苦痛に邪魔をされ、とくに視力を欠いていた。しかし、彼は自分の著作のラテン語訳を依頼していたアンブロゲッティ神父[2]にほぼ年間を通じて筆記してもらい続けた。ガリレオは彼に月面の秤動〔月が見かけ上ふらついて見える現象〕についての最後の天文学的発見の報告を口述し、それを解説した一六三八年二月二〇日付の手紙とともにヴェネツィア共和国の騎士団総長だった、ウディネの今は亡きアルフォンソ・アントニーニ伯爵に送った[3]。数年前、その原文はデルフィーノ枢機卿猊下に代わって博学な我らがソクラテス、不滅の栄光にふさわしい執政のオラツィオ・ルチェライ氏からわたしに届けられた[4]。この枢機卿は（わたしが我が師に関するものを収集しようとしていることをご存知で）比類なき寛大さのゆえに、さらに、わたしに大きな名誉を与えようとしたために、それが前述のアルフォンソ氏のとても立派な甥のダニエロ・アントニーニ伯爵からわたしに引き渡されるのを援助してくれたのである。同時に、トレヴィーゾのパオロ・アプロイノ氏から今は亡きダニエロ伯爵に宛てられた一六一二年一〇月二七日付の別の手紙も引き渡されたが、(5)そこには、このアプロイノ氏によって考案され、製作された聴力を補強する器具についての記述のなかにガリレオへの言及があった。わたしはこれらの手紙の原文を、大いなる尊敬の記念として身近に保管している。

前述のアンブロゲッティ師はガリレオの三つの著作、つまり、『偽金鑑識官』『太陽黒点論』『水上にあるもの、または水中を動くものについての論議』(6)(これらは、ガリレオの親友で非常に才能のある数学者で執政のフィリッポ・パンドルフィニ氏が明快な概要を付して自分の練習のためにラテン語訳していた)の翻訳を済ませて、一六三八年の末頃にフィレンツェに戻った。

その数カ月前、わたしが一六歳くらいだったとき、わたしは熱心に、わたしにすればうるさいほど、論理学の教師(とても真面目な神学者で、猊下(7)の現在の聴罪司祭で教授のセバスティアーノ・ダ・ピエトラサンタ神父(8))から幾何学も学ぶように勧められた。彼が断言するには、それを学ぶことで継続的に完全な形で論理学を実践することになるというのである。最後には説得されてしまい、慈善学校の聖職者、サン・カルロのクレメンテ神父(9)の授業を受けることにした。彼は学識があり、心優しく、その頃にフィレンツェで幾何学を教えていたのは彼だけだった。彼は、同じ教団のサン・ジュゼッペのフランチェスコ神父の弟子だった。当時、フランチェスコ神父は前述の猊下に数学を教授しており、のちにピサの教授になり、ファミアーノ・ミケリーニの名で公表した独創的な『河川管理についての論考』の著者である(10)。

幾何学的証明の明瞭さを味わうとすぐに、わたしはふたりの師の金言がどれほど正しいかに気づいた(彼らには今なお大きな恩義を感じている)。すなわち、前者については、人智による証明によって知ることが可能な真実のすべては幾何学のなかにのみ存在する。もうひとりについては、どのように凡庸な才知であっても幾何学によって証明された作品と特性を、教師の助けなしに適切に理解することができる。教師とは、最初に生徒に読み方を、学習の順序を、そして学習方法を示す役割しかないのである。実際、数学的証明は少数の原理に基づいており、それら原理についての知識は、われわれが生まれながらもっているもので、厳格な論理学の秩序だった議論に従って、後者が前者に依存する必然的帰結を通して進行するのである。さらに、教師は生徒の理解を混乱させたくないのであれば、著者自身がそれを説明しているとおりのやり方で説明しなければならないのである。どんなわずかなことを付け加えても余計であり、どんな小さなことを省略しても余計だからである。だから、教師は弟子たちの眼が読書で、その心と頭脳があるときは議論に、あるときは文字に、続いて図形に、とぎれとぎれに集中することで疲れてしまうことがないように気を配るしかない。しかし、このような気配りから生徒が真の利益を得ることはほとんどない。幾何学的証明を理解し、我がものとする唯一の方法は自分自身の学習であって、他人によるものではない。わたしが信じるに、これら二つの学び方には、個人的な興味と注意力をもって世界を自分自身で見、観察しに出かけるのと、単に地図上で、たとえそれが正確であっても、とても誠実な著者によって報告されていても、そこに留まること以上に非常に大きな違いがある。

…〔中略〕…

そういうわけで、神のお恵みにより、わたしはこの崇高な科学に夢中になり、自分自身で学習することを心からとても喜んだ。しかし、ようやく『原論』の最初のほうをすらすら読めるようになると、その応用を見たくてたまらなくなり、ガリレオによって新たに始められ、その頃に公表されたばかりの自然運動の科学に転じた。そして、等しい高さの平面に沿って自然に落下する可動体の速さは等しいという重要な仮定に到達した。わたしはこの仮定の真実性を疑うことはなかったが、それを当然のことと考えることができるほどの明白さについては疑った。そのために、前述のクレメンテ神父の仲介でアルチェトリをしばしば訪れる機会を得て、あの善良な老人の甘美で思慮深い教えを授けられた。彼は、わたしが出会った困難(わたしの才能の乏しさのためでもあり、物質的本性についての議論という新奇性、つまり、必ずしも全面的に議論の余地のない幾何学的明証性があるわけではないということのためでもある)を解決するために彼に助けを求めるという厚かましい願いを受け入れてくれたのである。ある日、わたしはこの法則の明確な証拠について尋ねたが、そのことで、彼がいつものように変わりばえのしない徹夜をしていたある夜に、幾何学的で機械学的な証明を見つける機会を与えることになった。彼は、アレキサンドリアのパッポスの命題に反対してすでに自ら証明していた理論からそれを導いたのである。彼はこの命題を、フランスの著名な数学者、マラン・メルセンヌ神父によって初めて出版されていた『機械学』のなかで論駁していた(11)。

その後、至上善に許されて、幾何学を四カ月間学んだ一六三九年の初頭に、ガリレオはわたしに客と弟子として自分のそばにいることを希望し、盲目であったにもかかわらず、思いやりのある教えでわたしを導いてくれた。彼は日を追うごとにますますわたしを元気づけ、自分の盲目を補うために、わたしにあの定理の証明を書かせようとした。彼は手紙に添える図を描く必要があって、うまく説明することができなかったのである。彼はその文書の写しをベネデット・カステリ神父にすぐに送った。この人物はベネディクト会の修道士で、ブレシアの貴族であり、ガリレオのもっとも古くからの誠実な弟子のひとりで、彼によって再版された流水の計測についての入門書である優れた著作(12)で高名だった。その後、ガリレオはこの定理の写しをイタリアと外国のさまざまな友人たちにも送ったが、わたしは、これを他の未出版のものとともに一六五六年にボローニャで出版された彼の著作集の最終版のなかに入れておいた(13)。その第三の対話の一三二ページに見ることができる。のちに、ガリレオのもっとも称賛すべき後継者、エヴァンジェリスタ・トリチェリは、ガリレオのしたことをまだ知らなかったのに、彼の運動についての論考のなかで同じことをさまざまな手順で追認している。ただし、手順のうちのいくつかで、少し前にここで挙げたガリレオのかつての『機械学』のなかですでに証明されていたものを彼は利用していた。二年前に出版した著作において、きわめて緻密な手順を用いようとしたクリスチャン・ホイヘンスの同様の熱意に、彼の卓越した才能が見てとれる。それは、数学者たちから驚きをもって褒め称えられた振子の運動についての論考である。最近、同じことが有名なピサ大学の正教授、才気あるアレッサンドロ・マルケッティ氏によって裏付けられ、確定された(14)。

同じようなきっかけで、ユークリッドの第五巻の定義五と七について疑問が生じたとき(15)、ガリレオは図を用いることはなかったが、第五巻のこれら定義の証明をしてくれた。のちに、わたしがアルチェトリに滞在したとき、彼は対話形式でわたしにそれらを口述した。このことはトリチェリがアルチェトリに来るかなり前で、彼は最後の著作である『新科学論議』が他の著作とともに再版されたときに、その第五日にそれを入れようという決断をまだしていず、第四日の一様な運動についての最初の命題のあとに、ライデン版では一五三ページに加えようと考えていた。この口述は、見てわかるように(16)、ガリレオとトリチェリが対話をさらに拡張するのを容易にした。もはや無用のものだが、わたしは口述されたものをもっており、大切にしまっている。わたしは、ガリレオがピエロ・デ・バルディ伯爵に宛てた、以下の問題の解についての短い手紙ももっている。夏に川に入ろうとする人物にとって、最初は水が冷たく感じられるのに、次には、濡れたときには冷たく感じられた水が温暖な空気よりも温かく感じられるのはどうしてか、というものである。[17] さらに、彼は一六四一年三月二五日付けの、現在ではメディチの枢機卿となっておられるが、当時のトスカナのレオポルド公に宛てた長文の手紙をわたしに書き取らせた。殿下がいつもの学問的興味で、有名な哲学者のフォルトゥニオ・リチェティの『リテオスフォルス』の第五〇章について彼の意見を求めたのである。[18] そこでは、ガリレオが『太陽黒点論』その他で述べた意見にリチェティが反論していた。しかし、この手紙は少しあとでリチェティ自身によって、彼の返答のなかに印刷され、ガリレオ著作集のボローニャ版のなかにも、前述のバルディ伯爵への手紙とアルフォンソ・アントニーニ伯爵へのもう一通とともに印刷された。[19]

一六四一年の翌四月、前述の大修道院長カステリ神父がローマからヴェネツィアでの修道会総会への途上、フィレンツェに立ち寄った。[20] 彼は直ちにわたしがいたガリレオ邸に移り住んだ。彼は、一〇年前に自分の学生だったエヴァンジェリスタ・トリチェリによってまとめられた『運動について』の手稿を持参していた。その内容についてはガリレオに要約して伝えられており、さらに、ガリレオの自然加速運動と強制的運動のみごとな科学を拡張するためにさまざまな箇所で異なる手法が用いられているということも伝えられていた。ガリレオは自らが新たに推進した学説が、自分の存命中にこのように大きく拡張され、支持されたのを喜んだ。このことや、神父がトリチェリの並外れた資質について語ったことから、ガリレオは彼を非常に高く評価したのであり、それは間違っていなかった。このときにカステリ神父が考えたのは、ガリレオが不憫にも盲目で、いまにも崩れ落ちんばかりの年齢であるため、彼の未公表の思索が失われてしまう恐れがあるということだった。カステリには、それらが紙に書き記されてさえいないことがわかっており、トリチェリにそれらを記述する手伝いをさせてはどうかと提案した。ガリレオはこの称賛に値する人物を助手とし、同居人として快く受け入れることにし、神父と合意した。カステリがローマに戻れば、そのときにはトリチェリを自由に行かせることができるはずだった。彼はヴェネツィアで思いのほか長く引き留められ、そのために、アルチェトリで哲学と数学におけるこれら二つの偉大な輝きが交わるのは一六四一年一〇月一〇日になってからだった。

ガリレオは対話形式でもう何日か付け加えようと計画していることを直ちにトリチェリに伝えた。しかし、邪悪な運命が科学における成果をもたらした人物と最高の知識をねたみ(学問の世界に役立つ惑星が交会してわずか三カ月だった)、彼らのあいだに割って入ったのである。天空と自然界にこれまで見たことのない驚異を発見し、古代を通じて掩蔽されていたすばらしい真実を発見することを神によって許された最大にして至高の太陽は永遠の蝕になったのである。

この短い期間に、ガリレオの病気が消し去ってしまったものの大部分を、トリチェリはここで言及されている第五日の下書き以上のものには仕上げられなかった(ガリレオの死後、彼はそれを、われわれが見ているような形にしようとした)。衝撃力について以外に何があったのかは、わたしは知らない。

ガリレオの相続人は彼の息子のヴィンチェンツィオ博士で、俗っぽい学者ではなく、鋭敏な才能の持ち主だった。彼は器械、とりわけ楽器を考案したが、そのなかにはリュートがあった。彼がそれを見事に演奏すると、絃から思うがままに力強い連続的な音が得られ、まるでオルガンのパイプから音が出てくるかのようだった。実際、とても優美なハーモニーで、彼の家にいたときに何度もそれを聴いた。このように、わたしは彼とともに存命中の父親と親しく交わったが、ガリレオの息子とわたしとの交わりも息子が生きているかぎり続いた。わたしは、ヴィンチェンツィオが(彼はトリチェリとわたしとともに父親のガリレオを看護し、一六四二年一月八日の死にも立ち会った)すでに出版された著作の草稿に加えて、ガリレオによってさまざまな機会に書かれた、何かを伝えたり、返信したり、彼に寄せられた質問に意見を述べたりしたさまざまな手紙と論考、その他の下書きをもっているのを知っていた。彼は快くわたしにそれらの写しを与えてくれ、彼とくつろいでいたとき、彼はしばしば自らその多くを読み聞かせてくれた。ただし、あとになって、その大部分の別の写しが手稿の形で出回っているのを知った。

わたしに読み聞かせてくれたもののうち、まだ印刷されていないとはっきりわかるものが三篇あったが、ヴィンチェンツィオ氏もわたしも、どこかに別の写しがあるとは知らなかった。当時は、どこにもないだろうと信じていた。

それらの最初のものには、六項目からなる天文学的操作の文書が含まれている(21)。これについては、わたしが信じるに、ガリレオの覚書きの最後で言及されている。その序文からは、その操作の数はもっと多かったらしいということが明らかである。わたしがよく知っているのは、ルイ大王の有名な科学アカデミーの傑出した学者のひとりで、著名な天文学者のジャン・ドミニク・カッシーニが、何年も前の夏に当地に立ち寄ったとき、わたしが読んだものの若干を称賛したことである(22)。

第二のものは、ガリレオ自身によって区分された一二の問題、あるいは疑問から成り立っている。その一部はこれまでに出版された著作のいくつかのなかで解決されたのがわかっており、残りは、おそらく先に言及した覚書きにある。これらの問題はヴィンチェンツィオ氏の筆跡で、彼が言うには、わたしがアルチェトリに住み込む以前に、すでに盲目となっていた父親を訪ねた数日間に、父親から教示された解に基づいて彼自身が記述したとのことである。前述の天文学的操作とそれらについてのいくつかの問題は、別のものも付け加えて（それがどのようなものか、どれほどあるかは推測できないが）、トリチェリによって記述された第五日の続きに、いくつか説明をし、先立つ四日間で述べられていることにいくつか補足したあとで、含められることになっていたと思われる。(23) この第五日では、さまざまな問題、とくにアリストテレスの、わけても『動物の運動について』のなかの問題が検討され、解決されるはずだった。(24)

わたしが読み聞かされた第三の草稿は、新たな集会の初めの部分で、「最終〔日〕」というタイトルが付けられている。おそらく、ガリレオがこのように呼んだのは、反対者への傍注も対話形式に改めようと考え始める前である。この集会で、ガリレオは（いつものように）サルヴィアティとサグレドを対話者として登場させ、シンプリチョを排除した。そして、パドヴァでの自分の数学の聴講生、パオロ・アプロイノ氏という名前の人物を第三の対話者として設定した。この冒頭はほぼ六枚の対話になっており、ガリレオが同地で講義をしていたときの経験のいくつかが解説されている。当時、彼は衝撃力の大きさを研究しており(最終的に、彼は無限であると考えた)、経験を解説したあと、ガリレオはこの集会の残りすべてでこのテーマを数学的に扱おうとした。つまり、彼自身によって創始された二つの科学に続く第三の科学であり、そうすることで、自分の入念な仕事の残りを公表してしまおうとしたのである。それについては、思索し、哲学的に考察するのに限りない時間を費やし、最終的に、われわれの最初の発想とはかけ離れた、新奇で、その新奇性のゆえに驚くべき知識を獲得することになったと彼自身が述べている。(25)

最後に、何が執筆されずに公表されないままになっているのかについては、ガリレオの一六三八年一月二三日の前述した覚書きからわかるかぎりでは、(26)これら注釈のすべて、考察、彼を批判した人びとが書いた著作の最重要箇所への彼が傍注と呼んだ返答であって、第七日(二大体系(『新科学論議』)の最初の四日間に加えて)となるはずのもうひとつの対話に含まれることになっていたに違いない。

だから、かくも偉大な哲学者にして数学者の豊かな鉱脈のなかに残されていた貴重な思索の損失は計り知れないのである。しかし、衝撃力については、その後に著名なジョヴァンニ・アルフォンソ・ボレリ氏によって巧みに論じられたから、彼が動物の運動について約束したものが出るのを待つべきである(27)。同様に、ピサ大学の著名な解剖学者で、とても明敏なロレンツォ・ベリーニ氏が、今のところ非常に不明確な呼吸というテーマを数学的に取り扱うのを待つことにしよう(28)。彼自身が、間もなく読むことができるとわれわれに期待させてくれている。それによって（非常に博学で純粋なニコラウス・ステノ氏が彼の筋学で示したように）、哲学者、解剖学者、そして医者にとって、高尚であるけれども無視されている幾何学がいかに貴重で、いかに必要であるかがはっきりわかるだろう(29)。

さて、わたしがもっている「最後の集会」というタイトルがある文書の写しのほうに戻ることにしよう。そこには読みにくい箇所がいくつかあるが、ヴィンチェンツィオ氏の息子で、ガリレオの称賛に値する孫である尊敬すべきコジモ氏(30)がわたしを助けてくれて、わたしにとても親切で、わたしが尊敬するバルバリゴ枢機卿猊下(31)のとても心優しい奉仕に参加するために彼がフィレンツェを出発する前に、彼自身がもっている原本と突き合わせてくれた。このとき、彼が言うには、すでに別の写しが回覧されているということだった。彼に助けてもらい、わたしの「天文学的操作」の写しも彼の原本と突き合わせ、その欄外に自分の手で注釈を入れたのを思い出した。最終的に、コジモ氏の写したガリレオの機械学的問題についての意見、あるいは返答の断片を手に入れた。彼はガリレオの初期の著作に対する反対者たちの書物にある書き込みをいくつか写すのも許可してくれた。このほかに、キアラモンティ(32)が新星について書いたことに関するガリレオの検討といくつかの計算、その他同様の書き込み、もっとあとのさまざまな敵対者たちに対する回答をこのコジモ氏がもっていたのもわかっている。これらについては、写しをもらわなかったことを繰り返し後悔している。コジモ氏は二年前にナポリで死亡したのである。同地で、彼はヴィンセンシオの宣教会(33)の修道院長だった。当時、わたしはコジモ氏の兄の(神のお恵みにより)存命だったカルロ氏(34)に依頼されたこともあって、同地でもローマでも入念に調査したが、わたしが得た回答は、その一年前、ナポリで定住するために立ち去ろうとしていたローマで、彼は大量の文書を破棄し、焼却したということだった。それらのなかに、前述の原本や注を書き込んだ書物などがあったかどうかはわからない。ナポリに移るために最後にフィレンツェからローマへと向かったコジモ氏から四年前に受け取った文書のなかにそれらはなかったから、彼によって作成され、わたしが署名し、ガリレオの幸運な三人の孫たちのうち最後に残った兄弟である前述のカルロ氏が今では所有している財産目録によって明らかなのだが。

前記の財産目録には（いくつかの論考と他の人びとからの手紙のほかに）ガリレオの印刷された著作の原稿、論考、彼の手紙が記載されているが、それらはすでに外部に知られているもので、ガリレオの書いたもののうち、写しが出回っていないとわかっているのは二つだけである。

それらの最初のものは、八つ折り判五枚重ね折りのガリレオの小さな手稿で、表紙に「運動についての古代の著作」というタイトルが付いている(35)。これは彼の青年期の研究であると認められるが、そこから、彼がその頃から学校に共通した強制的な哲学のやり方に自分の自由な個性を順応させることができなかったことがわかる。しかし、見ればわかるように、この手稿の随所にある彼独自の部分を、彼はのちに印刷された自分の著作の適切な場所に残らず挿入しているのである。

もうひとつは、ベネデット・カステリ神父の筆跡の二つ折り判の小冊子で、『ジョルジョ・コレジオ氏の誤謬、浮体についての彼の小品からの引用』というタイトルが付いているが、欄外にガリレオの筆跡でいくつかの書き込みと返答がある。(36)このことから、さらにグラツィアとコロンベに反対するカステリ神父の回答と考察の草稿の大部分がガリレオの筆跡であることから、先の著作とこの回答は、すべてではないにしても、少なくともいくらかはガリレオから神父に口述されたものであり、自分の名前を使うことで価値のない敵対者たちに過度の名誉を与えないように、彼の名前で出版したのだと信じたい。(37)どのような理由で、その当時にコレジオへの回答が他の二つといっしょに出版されなかったのかはわからない。当局の許可があれば、印刷機にかけるほかなかったのだから。おそらく、曖昧ではあるが、カステリ神父が印刷された考察の献辞のなかで理由のいくつかをほのめかしている。

ここでは、ガリレオが四日目の末尾で約束した細い鎖の使用法(38)について知っていることを述べるだけにし、わたしが彼のいるところで投射体の科学を学んでいたとき、彼がわたしにそれとなく示してくれたことを報告しよう。わたしが想像するに、彼が意図していたのは、平面上に両端からぶら下げられた非常に細い鎖を、その張力を変えることで、大砲を標的に向けて撃つ規則と手順を得ることに利用することだった。

しかし、これについては、我らのトリチェリが彼の『投射体について』の末尾で充分に、かつ工夫を凝らして記述しているから、その損失は埋め合わされている。(39)

わたしの記憶が間違っていなければ、彼は同様の細い鎖の自然な湾曲はパラボラの曲線にぴったり合うことを、次のような議論から推論したのである。

重い物体は、それらが吊るされている場所でもっているモメントゥムに比例して自然に落下するから、また、一端で支えられた天秤に結びつけられた等しい物体のモメントゥムは、ガリレオ自身が強度についての論考で証明したように、吊り下げられている場所までの天秤の長さの矩形と同じ比をなすから、さらに、この比はパラボラの底辺である天秤の吊り下げ点からパラボラの直径に平行に引かれた直線相互の比と(円錐曲線論により)同じであるから、鎖が結びつけられた端まで伸びているパラボラの底辺にもなる直線上の各点からぶら下がっている等しい重さの細い鎖のリングはすべて、それらのモメントゥムによって許されるかぎり降下し、そこで停止する。これらのリングは運動の最後の瞬間には、それらの落下距離がぶら下がっている場所までの長さに応じてもつモメントゥムに比例した点で停止しなければならないのである。要するに、それらは鎖と同じ長さのパラボラ曲線上の諸点であり、底辺の中央の点から始まる直径は水平線に垂直である。

最後に、ここまで言及し、記述したことは、メディチの枢機卿猊下(40)にすべて報告されていることをわかってほしい。読者の皆さん、彼によって科学は育まれ、高いレベルにまで達したのであって、あなた方が手に入れた情報に対する感謝の気持ちは彼の科学への並外れた愛情に献げられるべきです。わたしに関しては、わたしの畏敬する師である偉大なガリレオの捨て去られたものや、さまざまな人のもとに散逸していたものを拾い集めて、すべて公表するという決意を追求し続けることを、あなた方にお約束します。つまり、わたしが言っているのは、彼の息子や前述の孫から受け取ったものだけでなく、わたしが細心の注意を払い、入念な調査をし、前述の殿下の庇護と支援、国内外の友人たちと後援者たちの厚意のおかげで、あちこちで拾い集めることができたもののことです。できるかぎり多くの資料を収集するため、わたしの報恩の気持ちを知らされた方々すべてに、たまたまもっておられるガリレオの未発表の論考、論文、手紙を惜しみなくわたしに与えて下さるよう、あるいは他人から来た手紙もわたしに入手させて下さるようお願いする。こうした高貴な事業に寄与してくれた方々は、すべての名前をはっきりと挙げられるだけでなく、価値のないわたしの感謝の念ではなく、学問世界全体の感謝の念で報いられることでしょう。

…〔後略〕…

訳　注

（1）「約束されたもの」というのは、ガリレオが一六三八年一月二三日にパリのエリア・ディオダティに宛てた手紙に書いたことで、彼はその冒頭で「約束したその他のわたしの仕事に関して、わたしがかなりの問題とばらばらな疑問をもっているのをあなたはご存知でしょう。すべては、いつものように新しく、新しい証明によって裏づけられています」と述べ、未公表のテーマを列挙している(OG, vol. 17, p. 262)。ここに訳出した部分の直前にヴィヴィアーニはこの手紙を引用し、それを「この覚書き」と呼んでいる。その内容について、手紙の引用に続いてヴィヴィアーニは次の三点にまとめている。「一、新しい証明によって裏づけられたかなりの数の新しい問題とばらばらな疑問。二、何人かの彼の敵対者たち、その他の著作の最重要箇所への、とりわけアリストテレスの『機械学の諸問題』と『動物の運動について』への傍注と注釈。三、望遠鏡の使用によって、および、あらゆる天体観測のための装置製造の精緻化によって改善された天文学的操作の手腕」

（2）マルコ・アンブロゲッティは、一六三七年一月一日から一六三九年一月二五日までアルチェトリでガリレオと同居し、彼の手紙を口述筆記した。

（3）アルフォンソ・アントニーニ（一五八四―一六五七年）は、パドヴァ大学で学んだのち、ウディネに戻り、一六〇六年に同地で文学アカデミアを設立した。月の秤動については、前年の一一月七日にフルジェンツィオ・ミカンツィオにすでに報告されていた。「ガリレオ・ガリレイの生涯についての歴史的報告」注（131）参照。

（4）ジョヴァンニ・デルフィーノ（一六一七―一六九九年）はヴェネツィア共和国の元老院議員だったが、一六六七年に枢機卿となった。オラツィオ・リカーゾリ・ルチェライ（一六〇四―一六七三年）は、一六三四年にポーランド駐在の、その後、神聖ローマ帝国駐在のトスカナ大使となり、一六六七年にフィレンツェのアカデミア・デッラ・クルスカの執政となった。このアカデミアは、イタリア語の純化を目的として一五八二年にコジモ一世によって設立されていた。彼には『哲学対話』(*Dialoghi Filosofici*)という著書があるため、ソクラテスの異名を与えられることになった。ただし、彼の著作のほとんどは未出版だった。

（5）パオロ・アプロイノ（一五八六―一六三八年）もダニエロ・アントニーニも、パドヴァ大学でのガリレオの学生だった。このダニエロはアルフォンソの弟で、甥ではない。

アプロイノは、ガリレオが『新科学論議』に追加した二日間の二日目(出版されていれば、第六日)に対話者として登場する。

(6) フィリッポ・パンドルフィニ(一五七五―一六五五年)は、一六〇一年にアカデミア・デッラ・クルスカ、一六一四年にアカデミア・デイ・リンチェイの会員となり、一六三九年にアカデミア・フィオレンティーナの執政となった。

(7) トスカナ大公フェルディナンド二世の弟、レオポルド・デ・メディチ枢機卿のことである。

(8) セバスティアーノ・ダ・ピエトラサンタ(一五九〇―一六四七年)は、一六〇八年にイエズス会に入り、フェルモで哲学を教えるとともに、フェルモの総督の聴罪司祭となった。一六二四年には、教皇使節としてケルンに派遣されている。

(9) クレメンテ・セッティミ(一六一二年―?)は、一六三二年にスクオーレ・ピーエ修道会に入り、サン・カルロのクレメンテ神父と呼ばれることになった。フィレンツェで私的に幾何学を教えたが、この時期に同地で幾何学を教えていたのは彼だけだった。ガリレオの親友で信奉者であるとして何度も検邪聖省に告発されたが、その都度無罪放免となっている。晩年のガリレオを助け、彼の手紙の多くを口述筆記した。

(10) フランチェスコ・ミケリーニ(一六〇〇頃―一六六六年)はスクオーレ・ピーエ修道会士であり、サン・ジュゼッペのフランチェスコ神父と呼ばれる。ヴィンチェンツォ・

レニエリの後任としてピサ大学教授になった。

(11)「ガリレオ・ガリレイの生涯についての歴史的報告」注(39)参照。

(12)カステリが一六二八年に出版し、一六六〇年に増補して再版した『流水の測定について』(*Della misura dell'acque correnti*)を指している。

(13)ヴィヴィアーニが編纂した『元ピサおよびパドヴァ大学数学教授、その後のピサ大学特別数学者、トスカナ大公付き首席哲学者兼数学者、フィレンツェ貴族、アカデミア・デイ・リンチェイ会員、ガリレオ・ガリレイ著作集』(*Opere di Galileo Galilei Linceo nobile fiorentino Già Lettore delle Matematiche nelle Università di Pisa, e di Padova, di poi Sopraordinario nello Studio di Pisa. Primario Filosofo, e Matematico del Serenissimo Gran Duca di Toscana*, Bologna, 1655–1656)のことである。

(14)アレッサンドロ・マルケッティ(一六三三—一七一四年)はピサ大学におけるジョヴァンニ・ボレリの学生で、数学者。一六六九年にエピクロス主義者のルクレティウスの『事物の本性について』(*Della Natura delle Cose*)を初めてイタリア語に俗語訳したが、出版は許可されず、手稿の形で広く読まれた。振子の運動については、『等加速度運動についての科学の普遍的基礎』(*Fundamenta universae scientiae de motu uniformiter accelerato*, 1673)で取り扱われている。

(15)「ガリレオ・ガリレイの生涯についての歴史的報告」注(144)参照。

(16)比の同等性と合成について論じた『新科学論議』第五日は、ヴィヴィアーニの『ユークリッド原論第五巻』、すなわち、ここに抄訳している底本の六一から七七ページ、訳出した部分の前に収録されているため、彼は「見てわかるように」と述べている。『国定版ガリレオ・ガリレイ全集』にも再録されている(OG, vol. 8, pp. 349-362)。
(17)このヴェルニオ伯爵ピエロ・デ・バルディに宛てた手紙は、「乾いた、または濡れた者に、彼が入っている同じ水が冷たく、または温かく感じられる原因について」(Intorno la cagione del rappresentarsi al senso fredda o calda la medesima acqua a chi vi entra asciutto o bagnato)というタイトルで『国定版ガリレオ・ガリレイ全集』に収録されている(OG, vol. 8, pp. 595-597)。
(18)「ガリレオ・ガリレイの生涯についての歴史的報告」注(146)参照。
(19)ヴィヴィアーニ自身が編纂した前述の『ガリレオ・ガリレイ著作集』のことである。注(13)参照。
(20)修道会総会は、一般に同じ教団に所属する全修道院の代表によって構成された。ベネディクト会士のカステリは一六三二年から、フォリーニョのサン・ベネデット修道院、プラリャのサンタ・マリア修道院、パレルモのサン・ベネデット修道院などの大修道院長に任命されたが、すべてが名目上で、実際に修道院内で起居することはなかった。
(21)「天文学的操作」(Operazioni astronomiche)は、『国定版ガリレオ・ガリレイ全集』

に収録されている(OG, vol. 8, pp. 453-466)。

(22) ジャン・ドミニク・カッシーニ(一六二五—一七一二年)は、イタリア出身の天文学者、数学者で、イタリア語名はジョヴァンニ・ドメニコ・カッチニ。ルイ一四世の財務総監ジャン＝バティスト・コルベールに招かれて、一六六九年にパリに移住し、アカデミー・デ・シアンス会員に任命された。パリ天文台の建設を監督し、その後、この天文台で観測を続けた。木星と火星の自転周期を決定し、土星の四つの衛星を発見したほか、土星の輪が複数の輪で構成されていることを発見した。この輪の隙間は、カッシーニの間隙と呼ばれている。

(23) この「天文学的操作」は、対話形式になっていないものの、「この数日間に、これまでの天文観測器具の改良に関してなされてきた議論は……この問題についてのわたしの考えを一新する機会を与えてくれました」で始まっている(OG, vol. 8, p. 453)。

(24) ガリレオがフィレンツェへの帰還を目指して一六一〇年五月七日にトスカナ大公国首相ベリザリオ・ヴィンタに出した自薦状には、「自然学的なテーマについてのさまざまな小著作、たとえば……『動物の運動について』、その他をもっています」と述べられていた(OG, vol. 10, p. 352)。「ガリレオ・ガリレイの生涯についての歴史的報告」注(78)参照。

(25) 『新科学論議』第四日の終わりのほうで、シンプリチョの「衝撃力についてわたししたちのアカデミア会員〔ガリレオ〕によってなされた考察を紹介してください」という要請のあと(*OG*, vol. 8, p. 312)、サルヴィアティの「もっと都合のよい別の機会まで」延期をしたいという発言が続き、実質的に第四日は幕を閉じている。だから、衝撃力について論じられることは予定されていた。さらに、出版業者のエルゼヴィルは一六三七年一一月一日の手紙で、「あなたが病気で、とても不快だということを聞きました。いずれにせよ、できれば、第五日を待って印刷の進行を止めたくはありません」とガリレオに述べているから、当初の計画では、衝撃力について論じた「第五日」が含まれることになっていたことがわかる。ガリレオの健康の悪化が「第四日」の唐突な幕切れの理由だろう。

(26) 注(1)参照。

(27) ジョヴァンニ・アルフォンソ・ボレリの『衝撃力について』(*De vi percussionis liber*)は一六六七年に、『動物運動論』(*De motu animalium*)は一六八〇年から翌年にかけて出版された。

(28) ロレンツォ・ベリーニ(一六四三―一七〇四年)はピサ大学で哲学と医学を学び、その死まで同大学で教えた。肝臓の解剖学的研究で知られるが、死後出版された『解剖学論議』(*Discorsi di anatomia*, 1741)では、呼吸を論じていた。

(29) ニコラウス・ステノ(一六三八―一六八六年)は地質学者としても知られるが、彼の

『筋肉と腺の観察標本』(*De musculis & glandulis observationum specimen*, 1664)、そして、ベリーニがトスカナ大公の庇護に感謝する『エトルリアの君主への謝意の表明』(*Gratiarum actio ad Ser. Hetruriae Principem*, 1670)では、解剖学を幾何学的な観点から論じていた。

(30) コジモ・ガリレイ(一六三六—一六七二年)は、ガリレオの息子のヴィンチェンツィオとセスティリア・ボキネリ(?—一六六九年)とのあいだに生まれた三男である。

(31) グレゴリオ・ジョヴァンニ・ガスパーレ・バルバリゴ(一六二五—一六九七年)は、パドヴァ大学で数学、歴史、哲学を学び、一六五五年に両法(教会法と市民法の)博士となった。一六五七年にベルガモの司教となり、一六六四年にはパドヴァの司教となった。このパドヴァ時代に大学の助言者となり、ヴィヴィアーニをパドヴァ大学の数学教授に採用させようとした。一六六〇年に枢機卿となり、学識と外交手腕を認められて、一六八九年と九一年の教皇選挙では有力候補となっている。一九六〇年、彼はヨハネ二三世によって聖人とされた。

(32) シピオーネ・キアラモンティ(一五六五—一六五二年)はピサ大学の哲学教授で、アリストテレスに忠実な天文学を主張し、ガリレオの敵対者となっただけでなく、一六二一年の『反ティコ』(*Antitycho*)ではイエズス会士のオラツィオ・グラッシのティコ・ブラーエ的な見解にも反対した。ガリレオはこの『反ティコ』について『偽金鑑識官』のなかで簡潔に触れている(*OG*, vol. 6, p. 231)。また、『天文対話』第三日では、欄外に「キアラモンティが天文学者たちを論駁するさいの方法とサルヴィアティが彼らを論駁するさいの方法」と書き込んで、本文中でキアラモンティをからかっている(*OG*, vol. 7, p. 304)。

(33)ヴィンセンシオ会、またはラザリスト会の通称で知られるが、ヴァンサン・ド・ポール(一五八一―一六六〇年)によって一六二五年にパリで創立されたばかりの修道会。海外布教を目的のひとつとしていた。

(34)カルロ・ガリレイ(一六三二―一六七五年)は、ガリレオの息子のヴィンチェンツィオの次男。

(35)一五九〇年前後に書かれた『運動について』のことであるが、このヴィヴィアーニの記述から、その草稿には「運動についての古代の著作」(*De Motu antiquiora*)というタイトルが付けられていたことがわかる。ファヴァロが『国定版ガリレオ・ガリレイ全集』に収録しようとしたときには、そのタイトルページは失われていたため、彼によって、もっと一般的なタイトルである『運動について』(*De motu*)に短縮された(*OG*, vol. 1, pp. 245–246)。

(36)ジョルジョ・コレジオは、一六〇九年から一六一五年までピサ大学でギリシア語を教えた。彼はガリレオの『水上にあるもの、または水中を動くものについての論議』に反論したピサ大学教授のひとりで、一六一二年に『固体が浮かぶことについての小品』を出版した。カステリは『ジョルジョ・コレジオ氏によって犯された明白な誤謬』(*Errori dei più manifesti commessi da Messer Giorgio Coresio*)を書き、一六一三年九月にフィレンツェの司教座聖堂参事会員フランチェスコ・ノリとフィレンツェの異端審問官コルネリオ修道士の検閲を通ったが、出版することはなかった。コレジオが一六一五年にピサ大学を放逐されたことと関係しているのかもしれない。この作品は、ガリレオの注釈とともに、『国定版ガリレオ・ガリレイ全集』で読むことができる(*OG*, vol. 4, pp. 245–286)。

(37)「ガリレオ・ガリレイの生涯についての歴史的報告」注(93)参照。

(38) ガリレオは『新科学論議』で、サルヴィアティに次のように述べさせている。「このように張られたロープは、どのように引っ張られようと、パラボラによく似た曲線に沿って垂れ下がります。この類似性はかなりのもので、あなたが水平線にまっすぐに立てられた平面上にパラボラ曲線を描き、それを逆さまにして、つまり頂点を下に、底のほうを水平面と平行になるように置き、細い鎖を描かれたパラボラの底の両端に固定してぶら下げると、この鎖はゆるみを加減することで同じパラボラに沿って曲がり、一致することがわかります。この一致は、描かれたパラボラの湾曲が小さいほど、つまり拡がっているほど、精確です。パラボラが四五度以下の仰角で描かれていれば、細い鎖はほぼ完全にパラボラに一致します」(*OG*, vol. 8, p. 310)。

(39) トリチェリが一六四四年に出版した『自然落下する重い物体および投射体の運動について』(*De motu gravium Naturaliter descendentium, et Proiectorum libri due*)のことを指している。

(40) メディチの枢機卿とは、レオポルド・デ・メディチのことである。

訳者解説

田中一郎

ここに訳出したガリレオ・ガリレイについての三篇の伝記的作品を執筆したヴィンチェンツォ・ヴィヴィアーニは一六二二年四月五日にフィレンツェ貴族の家に生まれた。彼はイエズス会学校で人文学の教育を受けたのち、セバスティアーノ・ダ・ピエトラサンタに論理学の教えを受けた。その後、ガリレオの信奉者だったクレメンテ・セッティミから幾何学を学ぶことになったが、その経緯については「最晩年のガリレオについての報告」で彼自身が語っている。このセッティミがヴィヴィアーニの才能について彼の師でトスカナ宮廷付きの数学者ファミアーノ・ミケリーニに報告した。ミケリーニもヴィヴィアーニが神童であることを知り、一六三八年にトスカナ大公フェルディナンド二世に引き合わせたのである。フェルディナンド二世もヴィヴィアー

ヴィンチェンツォ・ヴィヴィアーニ(1622–1703). ピエトロ・ダンディーニ画, 1690 年代.

ニが将来有望であると認めて勉学を続けるための奨学金を与えるとともに、ガリレオに会う機会を提供した。盲目となり口述筆記者を必要としていた、それも数学の素養のある筆記者を必要としていたガリレオは、この一六歳の若者を自宅に迎え入れることにしたのである。彼がガリレオ邸に住むようになってからガリレオの死までの出来事については彼自身の報告に譲るが、ガリレオの死後、彼の弟子と孫弟子たちが、そして彼の息子までもが相次いで死亡したことはヴィヴィアーニに重責を負わせることになった。ベネデット・カステリは一六四三年に、エヴァンジェリスタ・トリチェリが一六四七年一〇月に、同じ年の一一月にボナヴェントゥラ・カヴァリエリとヴィンチェンツォ・レニエリが亡くなった。息子のヴィンチェンツィオが亡くなったのはその二年後である。こうして生前のガリレオを知り、彼から親しく教えを受けたことがある者は二七歳のヴィヴィアーニだけとなったのである。

ヴィヴィアーニが自らに課したのは、ガリレオの遺稿を整理して著作集を出版すること、彼の伝記を書くこと、そしてフェルディナンド二世が果たすことのできなかった彼の霊廟をサンタ・クローチェ教会の身廊内に建設することだった。もちろん、数学にかぎらず、ガリレオによってなされた研究を前進させることも期待されただろう。彼の研究成果の多くは未出版のまま遺されたが、これは生涯をガリレオに対する責務を果たすために捧げた結果だった。ただし、彼の名を冠した「ヴィヴィアーニの定理」が知られている。正三角形内の任意の点から各辺に下した垂線の長さの和は一定であるというものである。さらに、フェルディナンド二世によってトリチェリの後任として宮廷付きの数学者に任命されたから、宮廷の小姓たちを教育するという義務も加わった。アカデミア・デル・ディセーニョの教授としての業務もあった。著作集は一六五五年から翌年にかけて出版することができたが、そのなかに『天文対話』を収録することはできなかった。彼が一七〇三年九月二二日に亡くなったとき、彼が望んでいた伝記は未完成のまま遺された。霊廟については、遺産相続人に建設を条件として財産を遺贈するほかなかった。それでも、ここに訳出した彼の伝記的作品は生前のガリレオを知る者の手によって書かれた、ガリレオを理解するための第一級の資料といわねばならない。

最初の「ガリレオ・ガリレイの生涯についての歴史的報告」(一六五四年)を執筆することになったいきさつについて、ヴィヴィアーニはエリア・ディオダティに宛てた一六五六年二月二三日の手紙で語っている。「二年ほど前、ボローニャの書籍商がガリレオ氏の全著作を(ただし、時節柄、「わたしにさわってはいけない(noli me tangere)」ものを除いて)一巻本として復刻する作業に取りかかっているとレオポルド殿下が知らせてくれました。そこで、この偉大な著者の生涯についての覚書きをそこに加えたくなったのです」(Paolo Galluzzi e Maurizio Torrini (a cura di), *Le Opere dei discepoli di Galileo Galilei: Carteggio*, vol. 2, Firenze, 1984, p. 302)。ヨハネの福音書二〇章一七節の言葉である「わたしにさわってはいけない」(新共同訳聖書とは、少し表現が異なる)ものというのは、禁書目録に掲載されていた『天文対話』のことだろう。レオポルドからガリレオの伝記の執筆を命じられたのはピサ大学の数学教授でアカデミア・デル・チメントの共同設立者となるカルロ・リナルディーニ(一六一五―一六九八年)で、彼に資料を提供することを命じられたのがヴィヴィアーニとニッコロ・ゲラルディーニ（一六〇七―一六七八年）だった。

このゲラルディーニがどういう人物だったのかはよく知られていないが、一六三三年に裁判中のガリレオとローマで知り合ったのちに、アルチェトリに近いサンタ・マルゲリータ・ア・モンティーチ教会の助任司祭となり、しばしばガリレオ邸を訪れた。彼が同じ一六五四年に提出したガリレオの伝記も残されているが（*Gal.* 11, ff. 3r–19r）、ヴィヴィアーニのものよりはるかに短文で、しかもヴィヴィアーニの注釈が付いている（ibid., f. 20r）。これは、ファヴァロが編纂した『国定版ガリレオ・ガリレイ全集』のなかに「ニッコロ・ゲラルディーニによって書かれた伝記」（*Vita scritta da Niccolò Gherardini*）と題して収められている（*OG*, vol. 19, pp. 634–646）。内容的にも興味をそそるものは少ないが、ガリレオがオスティリオ・リッチに数学の教えを受けるきっかけとなった出来事については、ヴィヴィアーニの報告とはかなり異なる。

フランチェスコ大公殿下は、宮廷をこの町〔ピサ〕に移していた。その少し前に、殿下は彼に仕える小姓たちに教えさせるために司祭を雇っていた。わたしは、その名前を憶えていない（姓はリッチで、マルケの出身だったと思う）。この人物は学芸をよく修め、数学では凡庸ではない知性を備えていた。どのようにしてかはわからないが、ガリレオ氏は彼と親しくなった。ガリレオ氏がわたしに語ったところでは、偶然だった。ガリレオ氏は彼と何度か話をして、彼がいつもユークリッドを教え、解説しているのを知った。リッチは彼に聴かせることができていなかったので、彼に授業を聴かせることにした（OG, vol. 19, p. 636）。

本拠としていたフィレンツェの宮廷ではなかったとはいえ、ピサ大学の学生だった若者が宮廷に出入りすることができたとは信じがたい。ヴィヴィアーニも、この記述に「彼は、ゲラルディーニ氏が報告するように数学に取り組んだのではない。だから、これ以降の記述は間違っている」と注釈を付けている。しかし、その後のガリレオの伝記では、ガリレオとリッチとの出会いについて、こちらの逸話が、それも脚色されてしばしば採用されている。

当初の計画では、ガリレオの著作集にガリレオの伝記が収録されることになっていたが、著作集が一六五五年から翌年にかけてボローニャで出版されたとき、そこにはガリレオの伝記はなかった。これらの資料を提供されたリナルディーニのガリレオ伝は印刷されなかったのである。そもそも、彼がそれを完成させていたかどうかも疑わしい。その断片すら残されていないのである。

「振子の時計への応用に関するメディチ家のレオポルド殿下への手紙」(一六五九年)は、振子時計の製作という限られたテーマについての報告であるが、それは「殿下のご命令に応えて五年前におおざっぱに書き留めたもの」からの引用であると述べられているから、先のガリレオ著作集の出版計画と関係しているのかもしれない。この報告がレオポルドに宛てられた手紙形式で書かれており、写しがレオポルドからパリの天文学者のイスマエル・ブリオ(一六〇五―一六九四年)に送られたことを考えると、レオポルドがガリレオの振子時計についての問い合わせをブリオから受けたあとまとめられたのだろう。

最後の、ヴィヴィアーニが一六七四年に出版した『ユークリッド原論第五巻』のなかで、どちらかというと唐突に語られる「最晩年のガリレオについての報告」も、そこで「もっておられるガリレオの未発表の論考、論文、手紙を惜しみなくわたしに与えて下さるよう、あるいは他人から来た手紙もわたしに入手させて下さるようお願いする」と述べられているから、ヴィヴィアーニはガリレオの伝記をもっと完全なものにしようという意欲をもち続けていたことがわかる。ここで語られているのは、彼がアルチェトリのガリレオ邸に住み込んでいたときに、彼の眼前で進行していた出来事であったから、資料的価値は高く、それに修正を加えようという動きは今のところない。

ここで語られている『新科学論議』出版後のガリレオの努力は、彼がこの著作をどのような形に仕上げようとしていたかを教えてくれる。彼がそれを一六三八年に出版したのは、一六三六年五月にオランダの出版業者ルイ・エルゼヴィルがアルチェトリを訪れたことがきっかけだった。ガリレオはエルゼヴィルに原稿を何回かに分けて送るが、翌年の一一月一日にエルゼヴィルから送られてきた「できれば、第五日を待って印刷の進行を止めたくはありません」という手紙を読んで、すでに右眼を失明していたガリレオは「第五日」を追加することを断念したのである。

彼の当初の計画は、「衝撃力」についての一日が加わって、初めて完結したのである。また、最終日である第四日の不自然な終わり方も、それを推測させる。『新科学論議』はいわば未完の書であり、ヴィヴィアーニの回想がそのことを納得させてくれる。

　これまで数え切れないほどのガリレオ・ガリレイの伝記が出版されてきたが、最初に書かれたのが、晩年のガリレオと起居をともにしたヴィヴィアーニのこれら伝記的記述である。彼以降の伝記のほぼすべては、ここに訳出したヴィヴィアーニの報告から出発し、彼の記述の誤りを訂正し、彼が書かなかった事実を補足することで繰り返し発表されてきた。ヴィヴィアーニ以降、ガリレオから出された、ガリレオに宛てられた、さらにガリレオに関する手紙が新たに見つかったし、ヴィヴィアーニが見ることができなかったその他の文書類もあったから、彼が自覚していたように、彼のガリレオ伝を決定版と言うことはできない以上、当然のことである。それでも、ここで取り上げた彼の報告そのものは、彼の伝える有名な逸話を除いて、その内容が詳しく紹介されることも、研究対象として取り上げられることもなかった。イタリア語以外の言語に翻訳されたことがなかったのも不思議なことである——ようやく二〇一九年になって、英訳が出版された。

　彼の報告のなかで、どの伝記にもほぼ例外なく採用されるのは二つの逸話である。ひとつは、ピサの大聖堂でランプが揺れるのを観察して、振子の等時性を発見したという話である。もうひとつは、ピサの斜塔の上から同じ材質でできた重さの異なる二つの物体を落下させ、それらが同時に落ちるのを確かめて、アリストテレスの運動論の間違いを指摘し、落体の法則の発見に導かれたというものである。それらの逸話の真偽を確かめようとする研究はあるにはあったが、多くは、本当にそのような出来事があったのか、はたしてそのような体験だけで法則の発見が可能なのかを確かめることもなく、ヴィヴィアーニの伝える逸話を語り継いできた観がある。それにしても、ガリレオによる法則の発見の経緯を述べるのに都合のよい、もっともらしいエピソードとして利用してきたというには、あまりにも真実そのものとして語られすぎている。

ピサの斜塔実験については、この斜塔が凹凸のある敷石で取り囲まれていることを考えると、適切な実験の場であったとは思えない。それだけでなく、空気の抵抗を考えると、この五五メートルほどの高さから落とされた重さの異なる二つの物体が同時に地面に落下することはなかっただろう。大聖堂のランプについては、ヴィヴィアーニがピサの大聖堂での出来事を創作したのであって、ガリレオから直接聞いた話を伝えているのではないと一蹴するわけにはいかない。実際にそのような出来事があったと主張する研究者もいる。ガリレオが大聖堂のランプが揺れるのを見て――大聖堂の身廊中央のランプ以外にも、小ぶりではあるが、多くのランプが吊り下げられている――振子の等時性の最初の着想を得たということは充分にあり得る。あるいは、ガリレオがピサの大聖堂とは別の教会のランプが揺れるのを見たのを、ヴィヴィアーニがガリレオの住んでいたピサの大聖堂での出来事だったと勘違いしたのかもしれない。

それよりも、ここで注目したいのは、ヴィヴィアーニの報告で強調されるガリレオの業績とわれわれが高く評価する業績にはかなりの乖離があるということである。われわれのガリレオ理解は、振子の等時性と落体の法則を発見し、天文学上の諸発見をした偉大な科学者というところに留まっている。それだけでも充分なのだが、ヴィヴィアーニの評価はそれとは異なり、発見をどのように応用したかにまで及んでいる。彼の報告はレオポルド・デ・メディチに宛てられており、彼またはレオポルドによって回覧もされたであろうから、その評価は彼ひとりのものではなく、当時の人びとと共有されていたと考えられる。

だから、ガリレオを振子の等時性と落体の法則の発見者、さらに自作の望遠鏡による数々の天文学上の発見者として称賛するのは間違っていないとしても、そこで留まってしまえば、当時の人びとがガリレオを、そして自然についての研究をどのように評価していたのかを理解できないことになる。また、彼の業績の一面しか見ていないことになる。ヴィヴィアーニの伝記を読めば、当時の科学者についての評価は発見を実用的な何かに応用することに主眼が置かれていたと思われる。ガリレオ自身の研究の射程も、法則の発見というところをはるかに越えて、もっと先を見据えていたということがわかる。落体の法則についても、『新科学論議』における「第四日」の議論が大砲の弾道についての研究で締めくくられていることに注目すべきである。

ヴィヴィアーニが何について克明に記しているかということから判断すると、発見は重要であっても、発見の先にあるもののほうが重要だと考えていたのではないかという印象を受ける。振子の等時性の発見は重要ではあるが、それを時計に応用する努力のほうが詳述するに値する。木星の衛星の発見は画期的であっても、それを時計の代わりとして経度測定のための手段とすることのほうが特筆すべきだった。『新科学論議』の出版者であるエルゼヴィルも、『新科学論議』冒頭のガリレオの献辞に続く「出版者から読者へ」で「ある考案物が優れていたり、有用であったりすればするほど、考案者には神と崇められるほどの大きな称賛と名誉が与えられてきた」と述べている。真実の発見は重要ではあるが、科学は有用でなければならないのである。

このことに関連して、『新科学論議』の最初の二日間では、運動についての議論に先立って材料力学の議論が展開されている。巨大建築物が造られ、大規模土木工事が進められていた当時の人びとにとって、落体の法則よりもこちらのほうが待ち望まれていたものだっただろう。ガリレオが築き上げようとしていたのは「二つの新科学」だったのに、この最初の二日間については、動力学に関する部分を除いて徹底した研究がなされないままになっているのである。あまりにも実学的にすぎると評価されたためなのか、そこには法則の発見がないためなのか、その理由は推測するしかないが、ガリレオの研究の全体像を知るには、彼の動力学と天文学を研究するだけでは不充分なのである。もっとも、ヴィヴィアーニの報告でも、ガリレオの材料力学における業績については述べられていない。これは、彼の興味の対象が数学そのものであったことと、彼が同居していた時期のガリレオがすでに別の研究テーマに移っていたことで説明がつくだろう。

いずれにせよ、ヴィヴィアーニはガリレオを近代科学の創始者として評価したというより、科学的発見を時代の要請するものに応用した偉大な人物と捉えていたのである。彼の伝記的報告から浮かび上がってくるガリレオ像は、科学者というカテゴリーには収まりきらない、レオナルド・ダ・ヴィンチに比肩する万学のひとである。

もうひとつの注目すべき特徴は、ヴィヴィアーニの宗教裁判についての記述である。あるいは、宗教裁判についてはほとんど記述されていないという事実である。ガリレオに有罪判決を下した「寛大」なローマ教皇ウルバヌス八世は一六四四年に死亡していたが、ヴィヴィアーニがガリレオの死から間もない、ガリレオ裁判が人びとの記憶のなかに残っており、『天文対話』がまだ禁書目録に登録されていたイタリアで執筆していたという事情を考慮しなければならない。それにしても、あの裁判についてヴィヴィアーニがわずかしか触れていないのには驚かされる。

彼の宗教裁判についての記述は抑制的だという意見があるが、それだけでは、彼の言う「すでにガリレオ氏はその他の驚嘆すべき思索によって天空にまで立ちのぼる不朽の名声を獲得し、多くの革新によって人びとのあいだに神のごとき評判を得ていた。そのために不滅の摂理は、過ちを犯させることで彼が人間であることを明らかにすることにしたのである」は説明しきれないと思われる。つまり、一六三三年の宗教裁判でガリレオに有罪判決を下したのはローマの異端審問官ではなく、神だというのである。先にも述べたように、この報告はレオポルドに宛てられた手紙形式で書かれていたとはいえ、完全な私信ではない。ガリレオの著作集に収録されるはずだったガリレオの伝記に引用されたかもしれない。だから、この宗教裁判についての感想も、彼の周囲の人びとと通い合うものがあったと考えるべきである。

『天文対話』が禁書になったということとの関連でいうと、当時の高位聖職者の著作ですらしばしば禁書目録に登録されたが、そのことで著者本人が非難されたとか、降格されたという話は見つからない。しかも、一五五七年にパウルス四世によってローマで初めて禁書目録が出されたのちにも、すでに売れてしまったものまで回収されたわけではないから、禁書に指定された書物が当時の個人蔵書や図書館の棚にあるのは珍しくなかった。古書市場で売られてもいた。さらに、それらを「所有し、読む」許可を得ることは可能だった。その読書許可もさまざまな権威によって、ローマの検邪聖省と禁書目録聖省だけでなく、地方の司教や異端審問官でさえ出すことができた。ときには、異端審問官が私腹を肥やすために金銭と引き替えに許可を出すこともあった。ガリレオは一六三六年六月二八日にフルジェンツィオ・ミカンツィオに宛てた手紙で「それ〔わたしの『天文対話』〕を読む許可を発行するかどうかは聖省だけがもっている厳格さに委ねられている」(OG, vol. 16, p. 445)と述べているが、彼が嘆いているのは、自分の著書が禁書になって読むことができなくなったということではなく、それを読む手続きの煩雑さのほうだったのは注目すべきである。プロテスタントの著者が書いたものだけでなく、彼らが翻訳したギリシア時代の古典も、医学書や薬学書を含めて内容にかかわらずほぼすべてが、さらにカトリック教国で出版された有益な書物ですら、そのいくつかが禁書目録に登録されていたから、読むことを完全に禁じてしまうと不都合が生じたのである。どこに異端の疑いがあるかを精査し、それを修正するという名目で許可を求めることもあった。

イタリア国外では、プロテスタント諸国ではもちろん、フランスでも『天文対話』を自由に読むことができた。前述の天文学者イスマエル・ブリオは一六四四年一二月一六日にマラン・メルセンヌに宛てて「教皇庁の教皇使節は我が国の高位聖職者にも〔ソルボンヌの〕神学部にもそれ〔ガリレオに対する判決文〕を通達しなかったのです。……おそらく、この件はイタリアについてで、全キリスト教国についてではありません。われわれは教皇庁のこの勅書について知らされなかったのですから。これはフランスでは不適切だと判断されたのは疑いようがありません」(*Correspondance du P. Marin Mersenne*, vol. 13, Paris, 1977, p. 270)と述べている。教皇使節はガリレオに対する判決文を公式に神学部に通達することなく、ローマ教皇庁から指示されたとおりに、大学の全哲学者と数学者に知らせただけだったのである。禁書の布告については、フランスでは、たとえ教皇の命令であっても、王権、パリ高等法院、ソルボンヌの神学部の三機関が同時に合意したときのみ効力を発揮した。

無条件というわけではなかったが、禁書になった書物が読まれ続けていたことを考えると、ガリレオはカトリックの禁書政策の効力を過大評価していたように思われる。ヴィヴィアーニにとっても、『天文対話』が禁書になったのは、イタリアで再版しようとすると話は別だが、さほど深刻ではなかったのだろう。

ガリレオが自宅に軟禁状態だったということについても、ヴィヴィアーニがまったく言及せず、重大視していなかったのではないかという疑いがある。確かに、無期限の自宅軟禁という刑罰は前例が見つからないほど厳しいものだった。それでも、彼がアルチェトリで同居するようになったときにはガリレオはすでに失明していたから、たとえ許されたとしても外出はままならなかっただろう。

一八世紀の後半から、イタリアだけでなく、他のヨーロッパ諸国でもガリレオの伝記が書かれるようになった。アイザック・ニュートン（一六四二―一七二七年。Isaac

Newton）に代表されるガリレオ以後の科学者によって地動説の正しさが証明され、ガリレオに下された有罪判決は間違っていたということが明らかになっていた。これ以後に書かれたガリレオ伝の多くで、ローマ教皇庁の蒙昧さを非難し、冤罪、誤審であったと声高に主張されるようになったのである。なかには、イエズス会士に代表される聖職者たちがガリレオを陥れようとしたという陰謀説を唱えるものもあった。イエズス会は海外布教と並んで高等教育にも力を入れていたから、ガリレオの論敵としてイエズス会士が登場するのは当然だった。それでも、ヴィヴィアーニの報告に偽名で出てくる二人のイエズス会士、クリストフ・シャイナーとオラッツィオ・グラッシ、そしてローマ学院のイエズス会士クリストファ・クラヴィウスは、彼らの意見のいくつかは間違っていたとはいえ、理性的に振る舞っていたのである。ヴィヴィアーニの報告にも、彼らの陰謀をほのめかす記述はない。聖職者に対する非難の高まりは、イエズス会士たちがポルトガル、スペイン、そしてフランスから相次いで追放され、クレメンス一四世がイエズス会に解散を命じたのが一八世紀後半であったという事実と奇妙な一致を見せている。

ガリレオの宗教裁判の情景を描いた絵画の大半も、この頃から一九世紀にかけて描かれている。粗衣をまとわされて牢獄につながれたガリレオ、甲冑を着て武装した兵士に監視される法廷のガリレオ、ありえない場面がまことしやかに描かれ、ガリレオ裁判の過酷さを示すために伝えられてきた。

これらの事実は、逸話のほうはあれほど繰り返し引用されるのに、なぜヴィヴィアーニの報告の全体が紹介され、翻訳されることがなかったのかという理由の一端を示しているように思われる。一六三三年の宗教裁判ではまるでガリレオに非があったかのような彼の記述は、一八世紀後半以降の人びとには、おそらく現代の人びとにとっても、まったく受け入れられるものではない。ガリレオに対する有罪判決はカトリック教会の無知と頑迷さの結果であって、彼はその犠牲者だと考えるのが流布しているガリレオ理解である。われわれは、この考え方に抜き差し難く捕らわれてしまっている。

今日のガリレオの業績についての評価は、科学研究の目的は真理の探究、法則の発見である――だから、応用はどちらかというと余技に属する――と考えられるようになり、真理の探究は何物によっても妨げられるべきではないと信じられるようになって以降のものである。

ヴィヴィアーニの伝記的報告を読めば、こうしたガリレオ理解は時代の産物であるということがわかる。どちらの理解が正しいかという議論は可能だが、一七世紀にガリレオの周辺にいた人びとは今日と異なる理解をしていたのである。

（たなかいちろう・金沢大学名誉教授）

ガリレオ・ガリレイの生涯《しょうがい》 他二篇
ヴィンチェンツォ・ヴィヴィアーニ著

2023年10月13日 第1刷発行

訳 者 田中一郎《たなかいちろう》

発行者 坂本政謙

発行所 株式会社 岩波書店
〒101-8002 東京都千代田区一ツ橋 2-5-5
案内 03-5210-4000 営業部 03-5210-4111
文庫編集部 03-5210-4051
https://www.iwanami.co.jp/

印刷・精興社 製本・中永製本

ISBN 978-4-00-339551-6 Printed in Japan

読書子に寄す

──岩波文庫発刊に際して──

岩波茂雄

真理は万人によって求められることを自ら欲し、芸術は万人によって愛されることを自ら望む。かつては民を愚昧ならしめるために学芸が最も狭き堂宇に閉鎖されたことがあった。今や知識と美とを特権階級の独占より奪い返すことはつねに進取的なる民衆の切実なる要求である。岩波文庫はこの要求に応じそれに励まされて生まれた。それは生命ある不朽の書を少数者の書斎と研究室とより解放して街頭にくまなく立たしめ民衆に伍せしめるであろう。近時大量生産予約出版の流行を見る。その広告宣伝の狂態はしばらくおくも、後代にのこすと誇称する全集がその編集に万全の用意をなしたるか。千古の典籍の翻訳企図に敬虔の態度を欠かざりしか。さらに分売を許さず読者を繫縛して数十冊を強うるがごとき、はたしてその揚言する学芸解放のゆえんなりや。吾人は天下の名士の声に和してこれを推挙するに躊躇するものである。このときにあたって、岩波書店は自己の責務のいよいよ重大なるを思い、従来の方針の徹底を期するため、すでに十数年以前より志して来た計画を慎重審議この際断然実行することにした。吾人は範をかのレクラム文庫にとり、古今東西にわたって文芸・哲学・社会科学・自然科学等種類のいかんを問わず、いやしくも万人の必読すべき真に古典的価値ある書をきわめて簡易なる形式において逐次刊行し、あらゆる人間に須要なる生活向上の資料、生活批判の原理を提供せんと欲する。この文庫は予約出版の方法を排したるがゆえに、読者は自己の欲する時に自己の欲する書物を各個に自由に選択することができる。携帯に便にして価格の低きを最主とするがゆえに、外観を顧みざるも内容に至っては厳選最も力を尽くし、従来の岩波出版物の特色をますます発揮せしめようとする。この計画たるや世間の一時の投機的なるものと異なり、永遠の事業として吾人は微力を傾倒し、あらゆる犠牲を忍んで今後永久に継続発展せしめ、もって文庫の使命を遺憾なく果たさしめることを期する。芸術を愛し知識を求むる士の自ら進んでこの挙に参加し、希望と忠言とを寄せられることは吾人の熱望するところである。その性質上経済的には最も困難多きこの事業にあえて当たらんとする吾人の志を諒として、その達成のため世の読書子とのうるわしき共同を期待する。

昭和二年七月

岩波文庫の最新刊

パスカル
塩川徹也・望月ゆか訳
小品と手紙

『パンセ』と不可分な作として読まれてきた遺稿群。人間の研究と神の探求に専心した万能の天才パスカルの、人と思想と信仰を示す二一篇。
〔青六一四-五〕 定価一六五〇円

安倍能成著
岩波茂雄伝

高らかな志とあふれる情熱で事業に邁進した岩波茂雄(一八八一―一九四六)。「一番無遠慮な友人」であったという哲学者が、稀代の出版人の生涯と仕事を描く評伝。
〔青N一三一-一〕 定価一七一六円

グレゴリー・ベイトソン著／佐藤良明訳
精神の生態学へ(下)

世界を「情報＝差異」の回路と捉え、進化も文明も環境も包みこむ壮大なヴィジョンを提示する。下巻は進化論・情報理論・エコロジー篇。動物のコトバの分析など。(全三冊)
〔青N六〇四-四〕 定価一二七六円

中川裕補訂
知里幸惠
アイヌ神謡集

アイヌの民が語り合い、口伝えに謡い継いだ美しい言葉と物語。熱き思いを胸に知里幸惠(一九〇三―二二)が綴り遺した珠玉のカムイユカㇻ。補訂新版。
〔赤八〇-一〕 定価七九二円

アリエル・ドルフマン作／飯島みどり訳
死と乙女

息詰まる密室劇が、平和を装う恐怖、真実と責任追及、国家暴力の闇という人類の今日的アポリアを撃つ。チリ軍事クーデタから五〇年、傑作戯曲の新訳。
〔赤N七九〇-一〕 定価七九二円

……今月の重版再開……

アブー・ヌワース
塙治夫編訳
アラブ飲酒詩選

〔赤七八五-一〕 定価六二七円

大杉栄著／飛鳥井雅道校訂
自叙伝・日本脱出記

〔青一三四-一〕 定価一三五三円

定価は消費税10％込です　2023.8

岩波文庫の最新刊

トニ・モリスン著／都甲幸治訳
暗闇に戯れて
―白さと文学的想像力―

キャザーやポーらの作品を通じて、アメリカ文学史の根底に「白人男性を中心とした思考」があることを鮮やかに分析し、その構図を一変させた、革新的な批評の書。〔赤三四六-一〕 **定価九九〇円**

川崎賢子編
左川ちか詩集

左川ちか（一九一一-三六）は、昭和モダニズムを駆け抜けた若き女性詩人。夭折の宿命に抗いながら、奔放自在なイメージを、鮮烈な詩の言葉に結実した。〔緑二三二-一〕 **定価七九二円**

ヘルダー著／嶋田洋一郎訳
人類歴史哲学考（一）

風土に基づく民族・文化の多様性とフマニテートの開花を描こうとした壮大な歴史哲学。第一分冊は有機的生命の発展に人間を位置づける。（全五冊）〔青N六〇八-一〕 **定価一四三〇円**

泉 鏡花作
高野聖・眉かくしの霊

鏡花畢生の名作「高野聖」に、円熟の筆が冴える「眉かくしの霊」を併収した怪異譚二篇。本文の文字を大きくし、新たな解説を加えた改版。（解説＝吉田精一／多田蔵人）〔緑二七-一〕 **定価六二七円**

……今月の重版再開……

尾崎紅葉作
多情多恨
〔緑一四-七〕 **定価一一三三円**

大江健三郎・清水徹編
渡辺一夫評論選 狂気について 他二十二篇
〔青一八八-二〕 **定価一一五五円**

定価は消費税10％込です　2023.9